河北地质大学自然资源资产资本研究中心
河北省高校重点学科建设项目
河北省矿产资源战略与管理研究基地
河北省科技创新与区域可持续发展研究基地
河北省社会科学发展研究课题（编号：20200202015）
2024 年河北省发改委财经领域前瞻性问题研究课题（CJQZ-2024-11）
联合资助

中国准财政活动计量、报告与管理改革

——以生态环境财政治理为例

赵瑞芬　王俊岭　著

地质出版社
·北　京·

内 容 提 要

中国准财政活动规模庞大，然而相关研究很不充分，对准财政活动实施基于良治的管理变得困难重重。本书致力于三项依次展开的努力：为准财政活动的管理改革建构适当的信息基础——标准化的计量和报告体系；良好的结构化信息对支持基于良治的管理至关重要；基于良治管理改革的方向在于朝向预算，尤其是与预算过程的对接。同时，以生态环境财政治理为例，对生态环境税式支出进行了探讨。

本书对于国内外从事财政研究尤其是从事准财政活动研究的学者具有重要理论参考价值，同时对于具体行业、具体领域存在的准财政活动如何优化治理具有一定的实践指导价值。

图书在版编目（CIP）数据

中国准财政活动计量、报告与管理改革 ：以生态环境财政治理为例 / 赵瑞芬，王俊岭著. -- 北京 ：地质出版社，2024. 10. -- ISBN 978-7-116-14205-3

Ⅰ. F812

中国国家版本馆 CIP 数据核字第 2024Y1N850 号

ZHONGGUO ZHUNCAIZHENG HUODONG JILIANG BAOGAO YU GUANLI GAIGE

责任编辑： 关会梅　田　野
责任校对： 张　冬
出版发行： 地质出版社
社址邮编： 北京市海淀区学院路 31 号，100083
电　　话：（010）66554528（邮购部）；（010）66554631（编辑室）
网　　址： https://www.gph.clmpg.com
传　　真：（010）66554686
印　　刷： 北京地大彩印有限公司
开　　本： 787mm×960mm　1/16
印　　张： 12.25
字　　数： 210 千字
版　　次： 2024 年 10 月北京第 1 版
印　　次： 2024 年 10 月北京第 1 次印刷
定　　价： 76.00 元
书　　号： ISBN 978－7－116－14205－3

前　　言

准财政活动作为公共支出政策的重要替代和补充工具，在公共政策和公共财政实践中扮演着重要角色，但长期未能进入主流改革议程，在很大程度上源于相关研究的不充分，以致标准化的计量和报告体系始终未能建立起来。在这种情况下，对准财政活动实施基于良治的管理变得困难重重，准财政活动预算管理改革进展缓慢。为此，本书基于中国准财政活动管理与预算脱节的现状，旨在设计一套标准化的计量和报告体系，以期支持基于良治的管理，并为准财政活动“纳入预算”或“比照预算”提供基础。

中国准财政活动规模庞大，然而相关研究很不充分，尤其是标准化的计量和报告体系的缺乏，导致基于良治的管理结构化信息不足。良治是准财政活动管理的质量判断标准，基于良治的管理即遵循良治基本原则的管理。按照信息经济学的观点，信息是管理的基础。遵循良治基本原则的管理亟待良好的结构化信息，而标准化的计量和报告体系解决信息的结构化集成，因此设立标准化的计量和报告体系是实现基于良治管理的基石，对于良好管理至关重要。

标准化的计量和报告体系信息有利于良治 5 项基本原则的有效实施。授权机制中人民代表大会审批的预算报告包含了结构化的信息；受托责任中委托人和代理人间有要求解释、报告受托责任的权利和义务；透明机制更是要求信息及时公开、免费披露；准财政活动管理中加强预见性的一个关键就是建立标准化的计量和报告体系；预算过程中广泛的公民参与有利于信息的完善，体现公众的利益。

预算是实现公共管理的核心工具，公共支出管理的所有目标都可以通过良好的预算过程加以实现。基于良治的准财政活动管理要以“纳入预算”或“比照预算”作为有效途径。纳入预算不仅包括把准财政活动写入预算文件

（预决算报告），还包括纳入正式的预算过程。纳入预算过程是准财政活动管理改革的优先议程。纳入预算过程需要满足两个前提：结构化信息和良治原则。可见，标准化的计量和报告体系对支持准财政活动预算管理改革也很重要，没有标准化的计量和报告体系信息，纳入预算就是无源之水、无本之木。

总之，本书致力于三项依次展开的努力：为准财政活动的管理改革建构适当的信息基础——标准化的计量和报告体系；良好的结构化信息对支持基于良治的管理至关重要；基于良治管理改革的方向在于朝向预算，尤其是与预算过程的对接。围绕这三项内容，本书的研究焦点在于设计标准化的准财政活动计量和报告体系以支持基于良治的管理，以生态环境财政治理为例，对生态环境税式支出进行了探讨。

本书的主要内容包括以下 7 章。

第一章　导论。“不能计量无以管理”，无计量无管理。本章首先分析了准财政活动的研究背景和研究意义，指出准财政活动预算管理的重要性。同时在梳理准财政活动国内外研究现状的基础上，认为当前研究的不足在于未能构建标准化的计量和报告体系，以至于准财政活动管理改革滞后和偏差的风险很高。因此提出本书研究的思路和主要内容在于：构建标准化的准财政活动计量和报告体系，以标准化的计量和报告体系支持基于良治的管理、支持准财政活动纳入预算。

第二章　准财政活动管理的理论与现状分析。准财政活动具有瑕瑜互见的特性，其重要作用的发挥依赖于良好的管理，适当的信息是良好管理的基础和“血液”。本章介绍了准财政活动的内涵和重要性，并对中国准财政活动管理的现状进行概括、分析原因，指出准财政活动妥善管理需要以良好的结构化信息为基础。零碎、散乱的信息不利于有效管理，标准化的计量和报告体系解决信息的结构化集成，因此建构标准化的计量和报告体系是当务之急。

第三、四章　准财政活动标准化的计量和报告体系的内容，也是本书的重点。

第三章　准财政活动计量指标的设计。准财政活动计量指标的设计要满足准财政活动管理的目标、内容以及相关性、可计量性、可解释性等技术标准，因此尝试从总量、适当性、绩效、风险和透明机制 5 个方面设计指标。

同时以税式支出、政府贷款担保两种典型的准财政活动为切入点设计具体指标，并对成本指标进行了简单测算或方法说明。

第四章　准财政活动报告体系的设计。报告是将计量信息呈现和披露给相关使用者的过程。准财政活动计量指标体系的信息要以报告为载体进行披露，因此构建制式的准财政活动报告体系不仅有利于解决管理中的技术问题，还便于公众理解，亲善使用者。由于准财政活动类型繁多，设计完整的报表和报告制式非常复杂。本章同样以税式支出、政府贷款担保、金融系统准财政活动为切入点，从基本信息、报告内容、报表设计以及评估审计报告、相关说明等方面设计报告体系，并对报告的披露标准和披露方式进行了简要阐述。

第五章　准财政活动计量与报告体系的管理应用。信息的价值在于应用。标准化的计量和报告体系信息在于支持基于良治的管理。本章首先论证了计量和报告体系的信息对良治基本原则的作用，法定授权、受托责任、透明机制、预见性和公民参与的实施机制都离不开制式的报告信息。接着就对支持准财政活动纳入预算管理的作用进行了分析，指出准财政活动纳入预算的过程就是将计量与报告信息融入预算准备、审查、执行和评估每个阶段的过程。

第六章　准财政活动管理的国际经验与改革议程。预算是实现管理的核心工具，基于良治的管理依赖于纳入预算，因此朝向预算的准财政活动管理改革势在必行。本章在借鉴准财政活动计量和报告体系以及预算管理国际经验的基础上，指出基于良治的准财政活动管理改革朝向预算的两个有效途径——“纳入预算”和“比照预算”。朝向预算的准财政活动管理改革的优先议程是遵循良治的基本原则并融入预算过程的每个阶段——预算准备阶段、预算审查阶段、预算执行阶段、预算评估和审计阶段。

第七章　中国生态环境财政治理及税式支出。习近平总书记的生态文明思想强调“良好生态环境是最公平的公共产品，是最普惠的民生福祉”。生态环境的典型公共性和显著外部性，决定了其财政治理的重要性。本章在梳理中国生态环境财政治理和制度、分析中国生态环境财政治理成效和问题的基础上，识别了生态环境准财政活动的内容及管理中的缺陷，从计量、报告和管理改革的角度对生态环境税式支出进行了探讨。

总之，准财政活动作为公共支出政策的重要工具，对准财政活动的妥善管理依赖良好的信息结构。本书在中国准财政活动管理现状的基础上，构建了标准化的计量和报告体系，并论证了标准化的计量和报告体系信息对支持基于良治的管理和对支持纳入预算的作用，指出朝向预算的准财政活动管理改革是在遵从良治基本原则的基础上，以标准化的计量和报告体系为前提，以融入预算过程为路径来实现的，同时以生态环境财政治理为例，对生态环境税式支出进行了探讨。

本书的创新有 3 个方面。

1）由于国内对准财政活动关注度不足，对构建准财政活动结构化信息的研究更是匮乏，而标准化的计量和报告体系可以解决信息的结构化集成。因此，本书最主要的贡献在于创建标准化的计量和报告体系，以提供结构化集成的信息。

2）信息的结构化集成是管理的基础。良治基础的准财政活动管理高度依赖结构化的信息集成，良好的结构化信息对促进基于良治的管理至关重要。本书在构建准财政活动计量和报告体系的基础上，论证了标准化的计量和报告体系信息对良治基本原则的作用和对支持准财政活动纳入预算管理的作用。

3）预算是实现公共支出管理的核心工具。准财政活动预算管理改革的有效路径在于纳入预算，纳入预算包括纳入预算过程和纳入预算报告。本书基于中国准财政活动管理的脆弱性，借鉴其他国家的经验，阐明了中国准财政活动预算管理改革的基本内容和纳入预算的运作流程。

目　录

第一章 导 论

第一节 研究背景和研究意义

一、研究背景

（一）国际背景

发展中国家和转轨国家存在着大量准财政活动。这些活动具有政府性质，并且创造或消耗公共资源。然而这类活动并没有纳入政府预算中，不仅破坏了预算的全面性，也大大降低了政府财政的透明度和真实程度。国际货币基金组织（IMF）在1998年发布的《财政透明度示范章程——原则宣言》中指出，由于准财政活动不记录在预算或预算报告中，因此不受立法机构和公众的监督，这严重影响了财政的透明度，长期存在下去还可能造成进一步的不透明。因此，公布有关准财政活动的性质和程度的声明是财政透明度的一项基本要求[1]。有关准财政活动的说明应该包括足够的信息，说明每一项准财政活动的公共政策目的、期限和预期受益人，以便使人们至少可以对每项准财政活动的潜在财政重要性做出一些评估，并且在可能的情况下，应对主要的准财政活动进行量化。2001年经济合作与发展组织（OECD）推出的《预算透明度最佳做法准则》虽不涉及有关准财政活动的报告。但是，最佳做法是，报告对准财政活动的财政重要性的量化估计，并且提供有关量化基础的信息（OECD，2001）。国际货币基金组织在2001年发布了修订的《财政透明度手册》，建议各国政府应该在其年度预算中确认主要的财政风险，而且要

[1] IMF. 1998. Transparency in government operations. http：//www. imf. org/external/pubs/ft/weo/weo0598/pdf.

尽量予以量化，被确认和量化的财政风险包括了“经济假设”和特定支出承诺的“不确定性成本”，这种风险报告机制对中国目前的财政改革具有一定借鉴意义。

进入21世纪，世界银行一直致力于搜集各国的数据，将税务支出等准财政支出纳入预算管理。当然，由于准财政活动难以清晰界定，各国的统计范畴又不尽相同，如不少国家的税务优惠与减免数据要么缺乏系统的统计，要么不公开透明，因此将准财政活动纳入国际比较研究存在一定的难度。但无论如何，将准财政活动纳入预算管理，已经开始成为政府规模、社会政策和公共财政国际比较研究的新常态。

（二）国内背景

中国改革开放后伴随市场经济体制改革和转型，出现了大量准财政活动，不仅种类繁多，规模也十分庞大。据财政部税政司税源调查分析处的整理，2017年仍在实施的税式支出政策共计946项，纳入测算的税式支出政策共计449项，涉及流转税、所得税、财产税和行为目的税等多个税种。税式支出项目不仅种类多，规模也十分庞大。《2019年政府工作报告》中指出，2018年全年对企业和个人减税降费约1.3万亿元，2019年要实施更大规模的减税，确保全年减少企业税收和社保缴费负担近2万亿元❶。

在中国，准财政活动同一般财政政策工具作用一样，但由于没有货币流动或没有直接资金流的活动，因此一直未纳入政府预算。一方面，导致中国财政活动规模低估，如中国宏观税负水平、财政支出比例、政府负债率、财政赤字率等指标偏低，很大程度上是由于这些指标在统计时未涵盖准财政活动部分；另一方面，准财政活动的存在也破坏了预算的全面性和透明性，导致预算结果失真，财政风险加大。国际货币基金组织在《财政透明度手册》中将准财政活动、税式支出、政府或有债务列为财政重大风险的来源。如根据IMF最新发布的中国经济评估报告显示，中国地方政府债务在2015年年末占到GDP的45%，如果不将地方政府融资平台（LGFV）债务计入在内，中国债务占GDP的比例将会被严重低估，地方政府财政风险也将被严重低估❷。

---

❶ 2019年政府工作报告［R］.（2019-3-16）. http：//www. gov. cn/.

❷ IMF. 如果不推行改革中国负债率将在5年内升至250%. http://finance. ifeng. com/a/20150817/13912477_0. shtml.

2003年10月党的十六届三中全会通过的《中共中央关于完善社会主义市场经济体制若干问题的决定》，提出了“实行全口径预算”，要求积极构建公共财政体制框架并致力于将所有政府收支纳入预算管理，准财政活动亦应如此。

2013年11月党的十八届三中全会指出国家治理体系的现代化，离不开财政制度的现代化。建立现代财政制度，需要通过预算编制和审议的专业化，以及“三公”消费的透明化，为公共财政的善用提供机制保障。由此可见，国家治理能力的提升需要对公共财政活动进行制度化建设，按照良治的五大原则为准财政活动确立适宜的制度安排并提供良好的技术支撑是其中的关键一环。

2015年1月1日实施的新《中华人民共和国预算法》（以下简称《预算法》）将建立健全全面规范、公开透明的预算制度入法，更是将预算管理、预算约束、预算审查与监督上升到法律范畴。新《预算法》明确要求政府的全部收入和支出都应当纳入预算（第四条），各级政府、各部门、各单位的支出必须以经批准的预算为依据，未列入预算的不得支出（第十三条），从而在法律层面上确立了全口径预算体系。

总之，随着预算法律的逐步健全、预算体制的深化，对中国准财政活动的预算管理改革已迫在眉睫。从理论上讲，准财政活动的预算管理应以良治为原则；从实践上讲，确认、计量和报告准财政活动成为预算管理的现实需求。妥善管理准财政活动，需要建立标准化的计量和报告体系以支持基于良治的管理和融入预算（尤其是融入预算过程）。

二、研究意义

（一）理论意义

中国准财政活动的计量、报告和管理改革，不仅有利于良治基本原则的有效实施，也为准财政活动纳入预算管理提供了良好的技术支撑，是准财政活动妥善管理的重要内容。

1. 有利于政府活动边界的界定

公共财政的首要问题是公共资源池问题，对公共资源池的界定是财政治理的前提。因此，计量、报告和披露准财政活动有利于客观看待政府活动的范围，有利于政府、市场边界的界定。尤其是在准财政活动规模很大的情况下，官方政府收入和支出统计不能准确反映政府的实际规模，预算差额不再是政府财政状况的一个可靠指标，这使财政政策的设计变得更为复杂。

2. 有利于建立与民主治理相容的治理机制

财政治理要求融入民主治理的原则，与财政资源有关的所有决策都必须经立法机关的明确授权，并遵循民主治理的所有程序（王雍君，2015）。而当前的准财政活动既没有法定授权，也不接受监督和审查，因此分析政府的准财政活动，论证每一项收入或支出的必要性，进一步规范化和透明化，是对公共财政民主治理理念的最好体现。

3. 弥补准财政活动研究的空缺，丰富和拓宽财政理论

目前，理论界对准财政活动的关注度较低，系统性的理论研究更是空白。以促进良治为目标对准财政活动计量、报告和披露的理论研究，不仅可以弥补当前研究的空缺，还可以丰富和拓宽财政理论的范畴。

（二）实践意义

对准财政活动管理改革的目的是促进良治（good governance）。法定授权、受托责任、透明度、预见性与参与性是良治的五项基本原则（王雍君，2016）。通过管理改革可以将这些原则制度化。然而，实践层面上这些原则的有效贯彻，除了政府的政治意愿外，技术层面的问题也日益突出。标准化的计量和报告体系有利于良治基本原则的有效实施，有利于基于良治的管理。因此，建立标准化的准财政活动计量和报告体系是推动准财政活动预算管理改革的最佳实践做法。

1. 有利于建立全面、规范、公开、透明的全口径预算管理和现代财政制度

现代财政制度要求预算口径全面、完整，也就是说全口径预算的基本要求是预算应覆盖政府的全部收支活动，无论什么类型的收支都应融于统一的制度框架下（王雍君，2018a）。准财政活动也应纳入预算范畴，因为它们对财政活动的稳健性、财政政策的持续性都有影响，通过确认这种类型的活动，能强化政府预算管理的稳定和健全化（史鹏飞，2007）。

2. 有利于降低财政风险，增强财政的可持续性

准财政活动可能带来隐含的或有负债，国际货币基金组织在《财政透明度手册》中将准财政活动、税式支出、政府或有债务列为财政重大风险的来源。通过准财政活动报告对关键性预测假设引起变动进行详尽的分析，可以进一步完善年度预算。同时，如果在预算编制时对各种关键预测假设变动引起的后果有较为全面的把握，还将促进预算的公平性和有效性，降低财政风险，实现财政的可持续发展。

3. 有利于提升国家治理水平和国家治理体系现代化的建立

财政是国家治理的基础和重要支柱。国家治理的主体是政府，财政是政府履行职能的基础所在，财政具有“综合集成”的本质（王雍君，2018b），财政治理具有其他治理无法比拟的优越性，因此财政治理（包括准财政活动管理）水平的提升有利于国家治理水平的极大提升。

第二节　国内外研究现状

一、准财政活动含义与分类的研究现状

国外对准财政活动的理论和实践研究均早于国内。关于准财政活动的理论研究最早可以追溯到1994年G. A. 麦肯齐著的《隐藏的政府赤字》一文（Mackenzie，1994）。文中介绍了准财政活动的概念并分析了准财政活动出现的背景、准财政活动的各种类型以及解决方案。麦肯齐认为，准财政活动一般表现为非财政部门执行“政府职能”的活动。具体而言，准财政活动是一种由中央银行或是其他金融机构执行的且效果在原则上能被证明的税收、补贴或直接的开支为形式的预算措施所复制的活动。他指出，准财政活动一方面缺乏透明机制，另一方面被证明要付出相当高额的代价。准财政活动的具体表现形式有：复汇率的实施带来的对出口商的隐含征税效应、中央银行通过汇率担保承担汇率风险变相给予借款人巨额的补贴、从金融系统中攫取廉价的资源（包括以行政规定的低于市场利率水平发放的信贷、确定对不同领域贷款的最高额和最低额，法定准备金比率的控制，以及对于经营困难的银

行的直接援助和补贴)。麦肯齐认为，准财政活动问题的解决方案，一要“预算化”，二要通过改革，消除这类活动存在的根源。

目前引用较多、相对权威的定义当属2007年国际货币基金组织发布的《财政透明度手册》中关于准财政活动的定义。即“由金融和非公共金融法人机构（有些情况下由私营部门）在政府指导下从事的、具有财政性质的活动”（IMF，2007)。关于准财政活动的分类，IMF认为，准财政活动主要有三类：金融体系相关的操作、外汇体系相关的操作、商业企业相关的操作。

关于准财政活动的研究，国内财政学界早期多表述为隐性收支。2005年蒋洪在《公共经济学》中将不反映在收支账户上的政府收支称为“隐性收支”。认为隐性收支有税式支出、公共定价、政府担保、公共管制、预算外和体制外收支几种形式。2010年王雍君在《公共预算管理》一书中从预算管理的角度探讨了准财政活动的含义、分类以及参与主体，并认为当准财政活动规模相当大时，将会直接或间接影响到预算管理的三大关键目标❶，并降低财政透明度。

由于在各国实践中，准财政活动与财政或有负债的边界并不非常清晰，两者的共同点却十分明显，即没有直接体现在年度收支预算表中。尤其在中国经济转轨时期，政府与市场之间的关系还在不断的梳理和调整过程中，按照国际货币基金组织严格定义的准财政活动与政府或有负债之间更是互相交织。因此，李爽（2012）将准财政活动的含义做了扩展，认为准财政活动是由金融和非公共金融法人机构（有些情况下由私营部门）在政府指导下从事的、具有财政性质的活动，以及政府或公共机构基于某种合同或承诺而需要承担的不确定成本。按内容将准财政活动分为4类：与金融系统相关的活动、与外汇和外贸体制相关的内容、与商业企业相关的活动。这一分类参考了IMF的分类标准，并进行了外延的扩展，将未列入预算安排的税式支出以及政府或有债务也纳入了准财政活动范畴。

在不同国家准财政活动的主要类型也不同。在阿塞拜疆，能源部门的财政补贴已成为准财政活动的主要类型（Petri et al.，2002)，1999年通过销售价格低于机会成本提供给国内终端消费者的全部准财政补贴占国内生产总值

❶ 预算管理的三大关键目标是：财政纪律与总量控制，基于政策优先性的资源配置，营运管理与运作效率。

的7%。在乌克兰，2000年天然气行业的准财政补贴总额为国内生产总值的5.6%，主要通过拖欠俄罗斯天然气供应商的欠款融资。根据Sònia Muñoz（2007）的研究，津巴布韦的准财政损失主要来自中央银行的损失。通过对津巴布韦储备银行准财政损失的量化发现，2006年津巴布韦实现的中央银行准财政损失估计占国内生产总值的75%。损失来自一系列的活动，包括减少流动性的货币业务、补贴信贷、外汇损失、汇率补贴以及金融部门重组。这种准财政损失，不是传统的货币或财政松弛，导致津巴布韦2005—2007年货币供应激增。为了弥补损失增发迅速货币与公认的货币政策目标相冲突，导致2007年1月的通货膨胀达1594%。克罗地亚的准财政活动主要存在于国有企业（Anto Bajo et al.，2014），例如克罗地亚广播电视、造船厂和公用事业公司、能源部门的价格管制。之所以认为国有企业是克罗地亚准财政活动的主体，是因为在克罗地亚大多数国家规划是通过商业银行融资的，国家并不提供资金或担保。克罗地亚的国有银行只有两家，仅占银行总资产的5%。一些公共企业由于其多数股权属于国家而高度依赖国家援助，具有无法支付所有债务的高风险，对国家和地方政府管理影响很大。

二、准财政活动计量与报告的研究现状

准财政活动的存在使得政府的财政规模无法准确反映，同时准财政活动也导致大量隐性负债，因此对准财政活动进行量化评估已成为各国实践研究的重点。按照国际惯例，IMF也要求其成员国对主要的准财政活动进行量化或者报告。

Teijeiro（1989）表示准财政造成的损失是难以衡量的，因为中央银行和非金融公共部门之间计量的不一致，中央银行处理未实现的名义损失为对外净资产，调整操作结果的差异会影响通货膨胀。

Anto Bajo等（2014）认为要确定准财政活动的数量和性质，有必要进行现金流分析，特别是当事人之间的会计记录与财产法律关系。

最终产品法是发展中国家或转型经济体评估国有企业准财政活动的普遍方法。最终产品法假定：欠款=实际价值-应收账款，产品的错误定价=市场价值-实际价值，那么总的准财政活动=欠款+产品的错误定价，也就是说准财政活动的总规模=产品的市场价值-按实际价格计算的欠款。该方法对数据

的要求较少，在实践中容易操作。Petri 等（2022）用最终产品法估算了乌克兰能源部门的准财政活动，而后还有其他学者也沿用了该方法，如 2003 年 Freinkman 等（2022）对亚美尼亚国有企业以及 Cossé 等对罗马尼亚能源部门的准财政规模的比较和计算等。

Petri 等（2002）也指出如果有详尽的综合财务信息，对准财政活动的估算可以采用财务余额法。但由于这种方法需要有关收入、支出、投入成本、投入欠款、税收欠款以及投资的详细信息，因此实践中很难运用。

关于金融系统准财政活动的估算普遍采用的是 Mackenzie 和 Stella（1996）提出的用中央银行损益表中的净损失表示准财政活动的数量。按照 Mackenzie 等对已有文献的总结，如果宏观经济环境稳定，央行的金融业务往往是有收益的。然而许多国家央行的操作却出现了损失，很大程度上是由于承担了“准财政业务”，导致财政支出金融化。而央行的损失之所以可以代表准财政活动的规模，是因为很多国家对该损失采用“财政补金融”的做法，最终由政府财政承担这部分成本。因此，有一些学者在核算央行准财政损失时多采用这种方法。如 2007 年津巴布韦央行损失的估算等。

陈野华等（2008）认为中央银行“准财政”操作会带来损失，导致银行“财力”弱化，引起金融风险的累积。但遗憾的是未对中央银行的“准财政”损失进行估算。李爽（2012）对 1994 年以后中国金融系统中准财政活动规模进行了估算。由于中国金融系统中准财政活动实施的主体主要是央行和以商业银行为主体的各类金融机构，因此分别对央行和其他金融机构的准财政活动规模进行估算。其中，央行的准财政活动规模是按照央行管理外汇储备净损失与中国人民银行对各类金融机构的再贷款之和估算的。结果显示，2012 年中国金融系统中准财政活动占全国财政总收入的比例高达 39%。

税式支出是一项普遍存在的准财政活动类型，建立税式支出制度、将税式支出纳入预算管理已成为西方国家的普遍共识。目前对税式支出的量化主要有三种方法：收入放弃法、收入收益法、支出等量法。对税式支出的预算控制西方国家也积累了丰富的经验。如德国自 1967 年开始就在其财政报告中公布财政和税收援助一览表，不仅公布税式支出的绝对数额，还公布税式支出占 GNP 的相对比例。20 世纪 80 年代税式支出的概念传入中国，张晋武（2008）指出：“建立税收支出概念，并非只是给现存的各种税收减免措施换个名称，而是从加强国家对国民经济的宏观控制出发，把过去互不联系的税收优惠与国家预算联系起来，对税收制度产生的收入减损，从支出角度估计一个数字方案，并将以前顺着税制暗渠流逝的资金公开化，使之纳入国家财力分配的统筹计划”。这是中国对税式支出原本意图的最早诠释。之后，大量学者开始对税式支出的估算及预算制度进行了研究。

政府贷款担保作为政府或有负债的一项重要内容，政府贷款担保的计量方法多等同于政府或有负债的计量方法。现值法是西方国家（如澳大利亚、新西兰等）经常采纳的估算或有债务的计量方法。澳大利亚对特定的担保以面值估计和量化，同时也兼顾成本和收益。法国中央政府则指出，风险评估应考虑以后事件的影响并结合“无补偿”的要求，也就是说对于负债以最恰当的资源流量估算，这一流量的统计从时间上应包含到报告日为止，而且还应减去可能的资源流入。在捷克，由于担保形成的债务成本用违约概率与未解约的担保余额相乘得出，违约率以 5%、15%、30%、90%为标准划分为 4 档。在独立研究层面上的研究，Sundaresan（2000）建议可采纳企业风险法来分析政府或有负债。Claessens 等（2002）对银行的或有负债进行了计算，来衡量银行系统的风险程度。

国内对或有负债的研究以内涵、原因和风险为主。阳志勇（1999）就政府或有负债与金融系统风险之间的关联性进行了研究。平新乔（2000）以财政风险矩阵对负债进行分类，同时提出了预算改革的对策。安秀梅（2002）认为地方或有债务的产生源自两个方面：体制性缺陷和非体制性缺陷。赵志耘等（2002）分析了或有负债的构成因素，从地方支出刚性、财政机会主义、收付实现制预算体系、经济波动性等方面考察了其构成，并对或有债务的计量提出了对策建议。刘尚希等（2003）对或有债务的效应从正反两个方面进行了考察。从会计视角对政府或有负债的测算和披露，佘定华等（2011）分析了披露的原则、披露的方式以及披露的内容。王银梅等（2014）对计量或有负债的传统方法和期望现金流量方法进行了比较。

在准财政活动的规模估算之前，有必要评价准财政活动的必要性并确定最优规模。成本收益法是确定准财政活动优劣的基本方法，林达尔模型是确定准财政活动最优规模的基本模型。该模型说明，准财政活动规模的大小取决于准财政活动成本对应的新增税收在不同社会群体之间的分担比例，经过多轮投票机制后，最终会形成一个所有社会群体都认可的税收分摊比例，并在此基础上确定准财政活动的最优规模（张馨，1999）。

三、准财政活动效应的研究现状

IMF（2001）《财政透明度手册》中指出准财政活动的主要负面影响是资源配置不当和不透明。它们通常是“有害的补贴”，即服务于特殊利益集团，不受议会审查。因此，它们往往会破坏财政政策和预算过程的有效性和完整性。准财政活动经常引发支持企业和银行的大规模救市行动，此前这一直是隐藏赤字的融资来源。这会带来严重的宏观经济后果以及道德风险，因为救助使得准财政补贴接受者的软预算约束“合法化”。

准财政活动通常被认为是公共资源通过非预算模式向私营部门（企业和家庭）的净转移活动（Lev Freinkman et al.，2003）。它与财政补贴一样都会对宏观经济和企业绩效产生影响。1990年以来积累的经验表明，总补贴大幅减少（预算和非预算）是宏观经济稳定和企业改制的重要前提，同时也对整个改革过程的可信度产生重大影响（Pinto et al.，2000a，b）。

Mali Chivakul 等（2006）认为政府的准财政活动会对宏观经济和结构政策有巨大影响。一是导致隐性负债，影响财政和潜在外部债务的可持续性。例如，如果政府为公共企业的国内、国外借款提供担保，那么可能会发生潜在债务。二是金融机构定向或过度放贷有可能会产生道德风险，会对财政系统有不良影响。三是由于准财政活动与明确的税收和补贴的效果相似，因此准财政活动会扭曲资源配置，产生不必要的和非透明的重新分配，影响公平和公正。同时资源配置的扭曲，也可能会损害企业的效率，对经济增长带来不利的影响。

Anto Bajo 等（2014）认为，由于准财政活动具有非透明性，而非透明的财政管理体系容易助长腐败和裙带关系。

Sònia Muñoz（2006）认为，由于准财政业务不纳入国家预算，准财政活动不仅对政府有一些影响，对中央银行也有影响，表现为：市场利率和定价不合理的资源分配（评价）风险，负的现金流和恶化的财务状况，货币管理和控制的损失。

陈野华等（2008）认为，“准财政”行为在一定的时期可以发挥成本后摊的优势，尤其是在改革过程中。而这种成本后摊一方面可以减少改革前期政府的显性债务，提高政府的资信；另一方面央行的铸币税特权也有能力承担这部分“准财政”行为。因此，央行早期的“准财政”行为并未引起严重的经济问题。然而随着改革的深入，央行负担的加重，财政风险的加剧，将央行的“准财政”行为控制在合理的范围内成为当务之急。

李爽（2012）认为准财政活动本质上是财政活动，各项由财政最终负担成本的准财政活动与财政活动一样，是政府主导下对宏观经济进行调控的具体体现。从这个意义上说，准财政活动的开展过程，是政府间接施政的过程。因此，对准财政活动的经济效应分析与财政活动的经济效应分析框架类似，属于公共经济学研究范畴。准财政活动同样具有稳定经济、资源配置、和再分配三种效应。

四、准财政活动预算管理的研究现状

对准财政活动管理的研究缘起于财政学家对公共预算管理的研究。鉴于准财政活动的重要性，将准财政活动计量和报告体系的相关信息纳入预算程序，已成为国际上对准财政活动管理的普遍要求。IMF 在 1998 年发布的《财政透明度手册》中，指出准财政活动管理的最低标准要求：

第一，年度预算文件应包括一份关于中央银行、公共金融机构和非金融公共企业的重要准财政活动的报告书。报告书应由核心的预算部门编制，而重要的信息由从事这些活动的非政府机构提供，所包含的信息至少应能满足对每类重要准财政活动的财政重要性进行评估的要求。比如，贷款担保的报告应包括金额和贷款期限；补贴性贷款的报告应包括金额、期限和利率；非金融公共企业提供的消费者补贴的报告，至少应包括实际价格和完全成本价格的差值。

第二，报告准财政活动要求对单项的准财政活动进行量化。事实上很多发达国家已经在预算中报告和披露准财政活动，如阿根廷的预算法要求报告合并的预算。但由于发展中国家和转轨国家准财政活动的发生率高，其财政影响更加难以量化。Kharas 等（2001）估计，发达国家每年的隐性赤字占 GDP 的-0.7%~1.6%，而发展中国家平均每年的隐性赤字（或盈余）超过 GDP 的 1.5%。

第三，年度预算文件中应包括一份税式支出报告书。作为最低标准，IMF 要求政府的预算文件中，应包括一份主要政府税收支出的报告书，以及对每个类别的简要解释，以便于对其公平性和财政重要性能够做出最低限度的评估。

对准财政活动强化预算约束成为实践中各国的普遍做法。Alam 等（2002）认为 1998 年后俄罗斯财政复苏的主要原因在于对能源消费者和能源生产商施加更强的预算约束。

王雍君等（2006）提出要将政府施政的 5 个核心要素融入预算管理过程之中，这 5 个核心要素分别是战略与政策、流程、资源、参与者互动、价值观。其中，最重要的工作就是将各种准财政活动纳入预算过程。将准财政活动纳入预算过程，还要求将各种准财政活动通过合适方式对公众进行披露，保障公众的知情权。“将施政资源融入预算过程，就是指政府施政所消耗的所有资源，均应在预算文件和政府财政报告中披露，使公众了解政府施政的完全成本，为评估施政效能、受托责任和检讨政策成败提供基本信息。”王雍君等（2006）亦指出将各种准财政活动纳入控制范围应建立起至少不低于类似正常预算程序的治理安排，并遵循良治的基本原则：受托责任、透明度、预见性和参与。

李爽（2012）基于受托责任的理念，认为对金融系统准财政活动的预算管理，除纳入预算过程、对公众披露、进行可靠的计量与记录外，因其同样消耗公共资源，所以也必须进行资源使用效果的考核与评价。

随着准财政活动预算管理改革的深入，良治作为准财政活动管理改革的目标及质量判断标准逐渐映入公众的视野。“良治”的概念源于 20 世纪 80 年代世界银行和经合组织发展援助委员的倡导，宣传把健全的财政管理和行政效率作为可持续增长和发展的先决条件（World Bank，1997）。1994 年在世界银行《治理：世界银行的经验》报告中，将良治概括为“可预见性、开放、启发性的决策（即透明的过程）、法治以及参与公共事务的强大公民社会”❶。之后这一概念的基准扩大到包括民主授权、法治、广泛的民众参与等领域（Weiss，2000），强调民主授权、公众参与、信息透明等原则。

---

❶ http：//www. Worldbank. org/publicsector/overview. html.

关于良治的原则，Schiavo-Campo 等（1999）指出，受托责任、透明度、可预见性和参与是良好政府支出管理的 4 个基本支柱。Mutiganda（2013）强调了问责制在预算过程的重要性，并指出预算信息是预算及问责的重要工具。俞可平（2000）在其《治理与善治》一书中将善治的基本要素界定为：合法性、透明性、责任、法治、回应 5 个方面。王雍君（2003）提出善治的受托责任、透明度、预见性、参与是判断预算管理质量的理论标准。

五、现有研究的评述

纵观国内外研究，发达国家准财政活动的数量较少，而且预算管理较完善。而发展中国家和转轨国家则不同，不仅准财政活动的发生率高，而且对其披露和报告的程度低。国外对准财政活动的研究多是定性研究，集中在准财政活动的界定和影响等方面。尽管研究中也有一些量化分析，但多是针对金融系统或中央银行的准财政活动展开的，对准财政活动进行量化很少。而国内无论是理论研究还是实践工作对准财政活动的关注度都很低，对准财政活动的定性和定量分析也很少。由于准财政活动的规模直接影响到财政公共资源池的规模、政府委托代理责任的履行、财政可持续性以及财政政策的制定，因此对准财政活动的预算管理改革是政府财政改革的必然要求。

准财政活动的预算管理改革应以良治为理论基础和指导原则。这一点也得到了国内外普遍共识，大都要求将法定授权、问责、透明、预见和参与等原则贯彻到准财政活动预算管理中。但是鲜有文献提到对准财政活动预算管理的信息基础，尤其是适当信息的缺乏直接影响了准财政活动管理改革的进程，导致准财政活动难以步入良性的运行渠道。因此，将准财政活动进行标准化的计量和制式的报告成为当前准财政活动改革的技术难题。

总体而言，国内外对准财政活动信息量化和报告的研究，尚处于概念界定和方法介绍的早期阶段，对于准财政活动计量、报告和管理改革中的诸多重要技术命题仍有待进一步研究。基于此，本书旨在以良治的原则约束政府的准财政活动，重点研究准财政活动预算管理中的技术命题——标准化的计量和报告体系的构建，并以该体系提供的结构化集成信息来支持基于良治的管理，支持准财政活动融入预算程序。

第三节　研究思路、方法及创新点与不足

一、研究思路

准财政活动作为公共支出政策的补充和替代工具，其存在至关重要，也发挥了独特的效用。然而准财政活动的有效实施还依赖于对其进行妥善管理。准财政活动的妥善管理需要在良治的理论基础上纳入良好管理的技术标准。

良好管理的技术标准取决于适当信息的获取，而适当的信息源于对准财政活动资源汲取、使用过程以及使用效果的计量和报告。计量是对准财政活动的量化，通过“量化什么”和“如何量化”获得有价值的准财政活动管理信息；报告是信息的载体，通过报告和披露，将准财政活动的相关信息结构化并以报表的形式呈现给公众和管理者。

标准化的计量和报告体系可以将准财政活动的信息良好结构化，是准财政活动管理的基础。标准化的计量和报告体系信息也有利于良治基本原则的有效贯彻；标准化的计量和报告体系信息也是准财政活动纳入预算的前提。本书以标准化的计量和报告体系为主线，围绕以下问题展开——“为什么构建？”“如何构建？”“有何作用？”“如何实施？”这几个问题依次从“构建原因”“构建机制”“作用机制”“实施机制”展开论述。全书遵循从理论到实践，从问题导向到解决机制，再到应用与实施机制层层递进的研究思路。其技术路线图如图 1-1。

二、研究方法

（一）理论与实践相结合的方法

本书从准财政活动管理改革的理论基础出发，论证了中国准财政活动管理改革的必要性。同时，结合当前中国准财政活动管理实践中存在的问题，指出中国准财政活动管理改革滞后的原因在于适当信息的缺乏。从理论基础和实践要求相结合来提出问题、分析问题和解决问题。

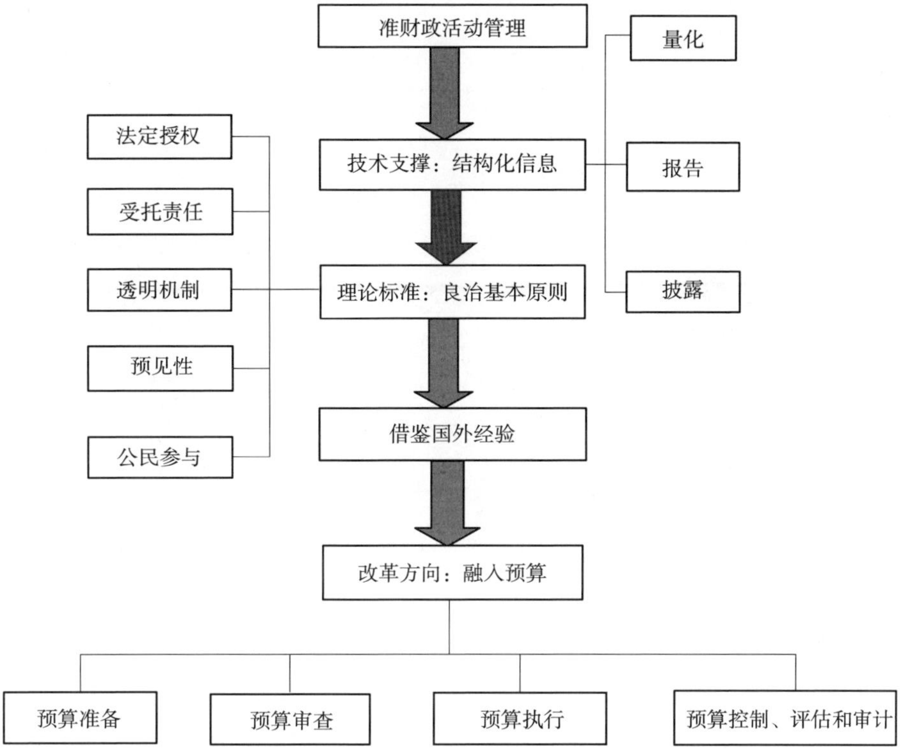

图 1-1 技术路线图

（二）定性与定量相结合的方法

对准财政活动计量和报告体系的设计，既有设计要求和遵循标准的定性分析，又有成本估算或预计成本的定量分析，定性分析与定量分析相结合。

（三）比较分析法

通过比较国外准财政活动的计量和报告体系，借鉴经验，为中国准财政活动的预算管理改革提供指引和方向。

三、创新点与不足之处

（一）本书的创新点

1）由于国内对准财政活动关注度不足，对构建准财政活动结构化信息的研究更是空白，而标准化的计量和报告体系可以解决信息的结构化集成。因此，本书最主要的贡献在于创建标准化的计量和报告体系，以提供结构化集成的信息。

2）信息的结构化集成是管理的基础。良治基础的准财政活动管理高度依赖结构化的信息集成，良好的结构化信息对促进基于良治的管理至关重要。本书在构建准财政活动计量和报告体系的基础上，论证了标准化的计量和报告体系信息对良治基本原则的作用和对支持准财政活动纳入预算管理的作用。

3）预算是实现公共支出管理的核心工具。准财政活动预算管理改革的有效路径在于纳入预算，纳入预算包括纳入预算过程和纳入预算报告。本书基于中国准财政活动管理的脆弱性，借鉴其他国家的经验，阐明了中国准财政活动预算管理改革的基本内容和纳入预算的运作流程。

（二）本书研究的不足

1）由于准财政活动种类繁多，本书仅研究了3类典型的准财政活动，以此为切入点展开论述。随着今后研究的深入，对其他类型的准财政活动也应逐步纳入研究范畴。

2）准财政活动在很大程度上属于政府的隐形支出，由于这部分支出透明度很低，数据获取困难，对准财政活动的计量研究还不够充分。随着信息的公开、透明，应进一步完善准财政活动的理论框架和技术体系。

第二章　准财政活动管理的理论与现状分析

委托代理理论、“公地悲剧”理论和现代预算管理理论都要求确认、计量和报告政府的准财政活动。准财政活动作为公共支出政策的重要替代和补充工具，在贯彻国家宏观经济政策、实现政府宏观调控方面发挥了重要作用。从准财政活动管理的现状来看，准财政活动管理与预算严重脱节，原因主要在于结构化信息不足，标准化的计量和报告体系没有建立。本章首先介绍了准财政活动的理论基础、相关概念和逻辑关系，接着对中国3种典型的准财政活动进行了全面分析，并以这3种准财政活动为切入点分析了当前中国准财政活动管理中存在的问题和成因，最后指出构建准财政活动结构化信息的必要性。

第一节　准财政活动管理的相关理论

任何改革都有一定的理论基础。委托代理理论、“公地悲剧”理论和现代预算管理理论[1]从不同的角度指向了准财政活动的管理改革，是准财政活动管理的理论基础。本节主要阐述这3种理论的内涵以及在准财政活动管理中的应用。

一、委托代理理论

委托代理理论源于经济学家对公司治理的研究，建立在参与人信息不对称的基础之上。委托代理理论指的是，作为授权者的委托人和作为被授权者

---

[1] 传统的预算原则包括法定授权、年度性原则和法定程序原则。现代预算的原则在传统预算原则的基础上增加了全面性、未来导向、透明度和绩效导向原则，即法定授权、全面性、年度基础、法定程序、未来导向、预算透明度、绩效导向。

的代理人之间形成一定的契约，通过授予代理人一定的代理权，指定代理人为其利益服务，并提供相应服务的报酬。由此可见，委托代理关系的起点在于授权，委托人为了自己的利益赋予了代理人一定的决策权力。但是代理人在理性经济人的假设下往往追求的是自身效用的最大化，而忽视委托人的效用。为此，需要一定的制度安排来约束代理人的行为。

委托代理关系广泛存在，公共财政领域也存在委托代理关系。公共财政领域的委托代理关系发生在政府（代理人）和公民（委托人）之间。由于政府施政需要大量的公共资源，与私人组织不同，政府的资源“取之于民”。“取”反映的就是委托代理关系。在现代社会里，处理政府和人民之间的委托代理关系，最基本的原则就是以责任约束权力。具体地讲，就是政府需要就其公共资源的取得、使用和使用结果对人民承担受托责任，即公共受托责任。

为确保委托代理中的受托责任和透明度，政府活动的所有资源应尽可能纳入预算系统中，并接受正式预算程序的审查和监督。税式支出、政府贷款担保和其他准财政活动所消耗的资源也是公共资源。因此，基于委托代理所产生的受托责任要求预算内容的完整性，预算文件应包括所有的政府收入和支出，而无论这些收支的性质和来源情况如何。税式支出也应如此。简言之，所有产生即期或者未来财政影响，或者引发财政风险的政府政策承诺和决策，如政府贷款担保，都应予以披露并如同政府的直接支出一样接受检查监督。

二、“公地悲剧”理论

“公地悲剧”理论最早是由哈丁教授倡导的。“公地”意味着一项公共资源，大家都可以使用，也不能控制别人使用，于是往往会产生使用过度的结果。“公地悲剧”的产生主要是由于产权界定不清或者界定成本太高。

“公地悲剧”问题出现在许多场合（自然界尤其常见），其实质是资源提取者没有承担其行为的全部后果（社会成本），因此导致资源过度提取、滥用并最终破坏其可持续性。在政府施政中也存在“公地悲剧”，其中公共预算可以看成一个典型的、开放性的资源共用池，众多的支出机构作为预算申请者，总是想方设法从共用资源池中提取尽可能多的资源，却谁也没有节约支出的动机。因为每个支出机构从获得的支出中受益，却不必承担这笔支出的成本，这些成本被分摊到广大纳税人身上。由于从支出机构中获得的利益远远大于其成员承担的成本，支出机构的理性行为就是尽量扩张自己的预算，结果导致过度开支、赤字和债务并威胁公共预算的可承受性和可持续性。

“公地悲剧”问题缘于支出机构对支出总量不负责，每个机构都追求自己的个量最大化。因此，对公共支出的有效控制，不仅是避免“公地悲剧”的有效方式，也是对支出总量进行硬预算约束和实现资源配置效率的前提条件。准财政活动作为公共支出的替代性政策工具，为避免“公地悲剧”，对准财政活动的支出亦应控制在适当的水平上。一方面应激励其积极效应的发挥，另一方面还要避免由于支出过多而加剧财政风险等问题。

三、现代预算管理理论

根据以上分析，我们发现公共财政的两个基本问题是委托代理关系和共用资源池问题。委托代理关系发生在政府（代理人）和公民（委托人）之间。民主社会中，委托人通过制度和契约约束代理人的行为，但代理人与委托人的动机不同，结果往往会产生一系列问题。公用资源池问题的实质则是由于资源提取者个人成本与社会成本不对等导致的“搭便车”问题。预算管理是实现公共政策尤其是财政政策的工具，好的预算管理可以带来公共利益。于是，良好的预算管理制度为公共财政这两个基本问题的妥善处理提供了良好路径。

与传统预算管理相比，现代预算管理更加强调预算过程的绩效导向。普遍认为，预算管理质量的优劣取决于对良治基本原则的遵循程度（Schiavo-Campo et al.，1999）。而遵循良治原则的预算管理直接或间接指向预算的全面性。一个具有可信度的优先性确定程序要求所有的支出都合并到预算中。排除某些开支类别将削弱决策制定者实现战略成果的能力。因此，预算的全面性和一致性成为优先性方面最重要的制度安排（Campos et al.，1996），是实现预算管理所有关键目标的前提条件。

预算管理的全面性要求杜绝消失的预算，所有的政府活动和收支都应纳入预算程序，并在预算文件中报告和披露。准财政活动作为公共支出政策的替代和补充工具，同样属于政府的活动。因此，确认、计量和报告准财政活动并将准财政活动纳入预算程序是贯彻预算管理全面性原则的关键一环。

在中国对准财政活动的研究起源于财政学家对公共预算管理的研究。王雍君等（2006）提出在预算管理程序中要纳入5个关键因素：资源、战略与政策、流程、参与者互动、价值观，最核心的一环就是健全预算的全面性，把准财政活动连接到正式程序中，具体要求如下：

1）准财政活动应纳入预算管理流程。将准财政活动纳入预算管理流程是很多国家的法定要求。如新西兰的《财政责任法案》明确了在预算管理中报告准财政活动的要求；澳大利亚的《预算诚信章程》和英国的《财政稳定守则》也在一定程度上强调了扩展现有的管理，对税式支出等准财政活动进行报告。中国的准财政活动管理与预算脱节，导致准财政活动一直未纳入正轨管理范畴，不仅影响了预算的完整性，也使得准财政活动实施的效果令人担忧。

2）准财政活动信息应对公众全面披露。准财政活动纳入预算管理流程，要求准财政活动的信息公开、透明，在预算、决算、评估文件中及时提供信息并以恰当的方式报告和披露，同时还要为公众获得信息提供方便，保障公众能免费获得信息。

3）应对准财政活动进行可靠的计量与报告。可靠的计量和报告是获得并实时更新准财政活动信息的基础，而且可靠的计量和报告还有利于将这些信息集合、集成，以结构化的方式呈现，因此从信息来源的角度要求建立准财政活动的计量指标和报告体系。同时，可靠的计量和报告也是实现准财政活动良治的前提，有利于确保良治基本原则的有效实施。

4）对准财政活动实施效果进行跟踪评价。公共预算管理理论从始至终在贯彻受托责任的理念。所谓受托责任，是指政府受公众之托，使用公众提供的资源，为之提供其所需要的、单纯依靠个体无法实现的服务。目前许多发达国家已经拓展了传统的受托责任框架，除了继续保留传统的财务合规受托责任外，还包括公共资源使用效果，政府应当对公共资源使用的效果负责。对于准财政活动而言，其同样消耗公共资源，因此也必须进行资源使用效果的考核与评价。借鉴财政部门、审计部门对预算内控外审、双重制衡的方式，准财政活动也应从内部控制、外部控制、事前控制、事中控制、事后控制等多个视角实时、全程加以约束。

第二节　准财政活动管理中的相关概念及逻辑关系

对准财政活动计量、报告和管理问题的研究关键要理清 4 个概念、3 组关系。这 4 个概念分别是准财政活动的概念、准财政活动计量和报告的内涵、预算过程的内涵以及良治的内涵；这 3 组关系分别是准财政活动管理与计量的关系、准财政活动管理与预算过程的关系、准财政活动计量与预算过程的关系。

一、准财政活动管理的相关概念

（一）准财政活动的概念

准财政活动的概念最早可以追溯到 1994 年 G. A. 麦肯齐的一篇论文《隐藏的政府赤字》一文（Mackenzie，1994）。文中麦肯齐认为，准财政活动是一种由中央银行或是其他公共金融机构执行的且其效果在原则上能被证明的税收、补贴或直接的开支为形式的预算措施所复制的活动。1999 年亚洲开发银行萨尔瓦托雷·斯基亚沃-坎波和丹尼尔·托马西在《公共支出管理》（Schiavo-Campo et al.，1999）中将准财政活动、政府负债和或有负债、贷款担保、政府贷款和税式支出视为政府直接支出外的其他形式，指出准财政活动是由中央银行或国有银行采取的、旨在实现政府政策目标的财政交易（Schiavo-Campo et al.，1999）。IMF 对准财政活动的定义在各个国家被普遍采用，IMF 认为准财政活动是政府指导某些实体部门（主要是金融部门）从事的活动，其性质与政府的财政活动一样。王雍君等（2006）将准财政活动定义为“公共支出政策的替代性政策工具”。

从实施主体来看，准财政活动既可以是中央银行或其他公营金融机构（代替政府）实施的，也可以是政府实施的（典型的是税式支出、贷款担保和政策性贷款）；从实施效果来看，原则上可以等同于政府传统的财政活动（如税收、补贴等）；从本质来看，准财政活动是公共支出政策的重要替代和补充工具。因此，本书认为准财政活动可定义为：由政府或政府控制的实体实施的、起到类似直接支出的作用，但没有可见的支出流量的一类特殊形式的公共支出政策工具。这类活动的共同点在于均创造或消耗公共资源，但没有可见的资金流量。这类活动的存在往往使得财政活动金融化、预算活动隐蔽化、程序性活动模式化。

（二）准财政活动计量和报告的内涵

计量是以适当的方式获取相关信息的过程。计量的概念源于测量，但又不等同于一般的测量。广义而言，计量包括建立计量基准、标准，确定计量单位制、进行计量监督管理。在技术管理和法治管理的要求上，计量要高于一般的测量。计量的原则有：科学（方法科学）——遵循科学求实的原则开展计量工作；公正（行为公正）——不受外界的压力影响，确保检测行为的公正性；准确（数据准确）——结果准确无误，不得有结论或数据性差错；高效（服务高效）——努力强化服务意识，提高工作效率。计量有广义和狭义之分。狭义的计量指测算、量化工作；广义的计量还包括量化结果的呈现以及量化信息的披露。

从狭义的角度而言，财政活动的计量分析是指运用财政经济数据，通过建立计量模型，运用参数估计并进行假设检验；或运用半参数或非参数估计技术，从数量的角度对财政问题进行研究的活动（曾康华，2001）。相对于准财政活动而言，狭义的计量主要是指建立准财政活动的计量指标、以指标信息反映准财政活动信息的过程，包括成本信息、效益信息、对政府财政的影响信息以及最优限额信息等。从广义的角度而言，财政活动的计量不仅包括从指标的角度进行集成，还包括将测算或评价的结果以何种方式、何种模式向公众报告和披露。本书所指的“计量”，也就是探索、设计准财政活动的报告和披露机制。

本着“科学要发展，计量须先行”精神，对财政活动（包括准财政活动）的计量分析，既是完善政府会计体系的基础和提高政府审计质量的前提，也是加强政府管理的关键和深化政府财政改革的重点。

（三）预算过程的内涵

预算是由若干相互继起和循环往复的流程组成的动态过程。与政府施政的流程相对应，一般预算过程包括 4 个环节：行政部门准备和编制预算草案的环节；立法机关审查和批准行政部门提交的预算的环节；行政部门实施预算的环节；审计部门对预算执行情况进行评估、审计的环节。周而复始，形成一个循环的过程。

第一个环节是预算准备阶段。这一阶段的重点是明确政府的政策目标，在预算限额和收支预测的基础上提出本年度支出计划，并提供相关绩效信息等以证明支出计划的适当性。

第二个环节是预算审查阶段。这一阶段立法机关就提交的预算草案进行审查，并完成预算辩论，同时对收入、支出和财政目标进行审查，确保预算和政策及宏观经济目标之间具有总体协调性。

第三个环节是预算执行阶段。这一阶段的主要工作内容是实施和控制，经过审批后的预算就具有了法律的效力，在本阶段由有关行政部门开始正式实施，但是实施中还要对实施的过程进行控制，以确保实施过程的合规性以及与最初目标的一致性。

第四个环节是预算评估和审计阶段。这一阶段要对预算执行结果进行评估，以判断预算执行结果对最初目标的偏离程度以及受托责任的履行程度。同时还要对预算信息进行审计，以保障信息的可靠、可信。

（四）良治的内涵

良治即良好治理。良治与劣治相对应，是国家治理现代化、财政治理现代化的目标。良治没有统一的模式和结构，但普遍认为与劣治的区别在于是否坚守法定授权、受托责任、透明机制、预见性和公民参与这 5 项基本原则。按照宪法、法律体系的规定，预算要经过立法机关的批准，立法机关批准预算的行为就是法定授权，法定授权是良治的底线。缘于法定授权，一方面，行政部门拥有了广泛的权力，包括难以明确的“自由裁量权”，同时也获得了过度使用权力的机会；另一方面，为防止权力的滥用，公众和政府之间产生的委托代理关系要求代理人就其行为，尤其是取得和使用公款的行为，做出合理解释并对此负责，这就是受托责任。受托责任是对法定授权的补救机制。政府施政的行为就是履行受托责任的行为，受托责任是良治的核心。为保障和促进受托责任，要求公共账目公开、透明并及时披露，同时公众能够及时、免费获得相关信息，因此透明机制非常重要。透明机制是受托责任的重要保障机制之一，也是良治的关键因素。预见度和公民参与也是保障问责的两个强有力机制。与透明机制不同，预见性强调的是利益相关者需要对政府的所作所为有所预见，只有在资源流量高度预见时才能实现资源的良好配置。而参与机制通过公民的话语权表达和政府回应，不仅可以强化问责，也是形成良好决策的前提。

二、准财政活动管理中的相互关系

（一）准财政活动管理与计量的关系

“没有计量，无以管理”，计量是准财政活动管理的基础。任何管理都离不开相关技术系统的支持，技术系统的基本功能就是为预算的准备、执行（实施）以及改进管理与营运绩效提供必要的信息。良好的信息提供了判断决策优良的标准，对妥善管理至关重要，因此提供制式化、结构化的信息是公共管理尤其是公共支出管理的基础工作。

结构化的信息既包括定性信息也包括定量信息，从管理的要求看“内部管理报表”更需要一些数据信息，因为这些数据信息不仅能直观反映问题，也能进行比较，同时数据信息往往能瞄准最重要的管理目标，而且量化的方法很好。

因此，准财政活动作为特殊的公共支出政策工具，对其有效管理的关键是建构适当的信息基础。通过对准财政活动进行计量和报告，阐明量化什么、如何量化以及设计准财政活动报告的制式、风格、内容和图表等信息，可以为准财政活动的良好管理奠定基础。

（二）准财政活动管理与预算过程的关系

预算是实现公共管理的工具，公共支出管理的所有目标都可以通过良好的预算过程加以实现。预算程序之所以重要，不仅因为这套程序汇聚了预算过程的所有参与者，也不仅因为它制约所有公共财政资源的配置，更因为良好的预算程序是促进政府施政绩效的重要条件。

良好的预算程序还是塑造公共组织合规性的关键。预算过程中形形色色的违规现象，都直接或间接地与预算程序的缺陷相关。有缺陷的预算程序经常给图谋不轨者提供大量违规的机会和空间。在中国预算实务上一个典型的例子就是：正式的预算程序没有覆盖到预算外交易和许多准财政活动（如税式支出等），这是造成这些领域大量违规的重要原因。

因此，尽管现阶段准财政活动的管理改革有很多内容，如建立准财政活动的计量机制、报告机制和激励机制，对准财政活动进行总量控制、提高资源配置效率和运营效率等，但所有这些改革的首要议程和可行性战略就是将准财政活动纳入预算管理，以不低于预算程序的标准将准财政活动纳入预算过程。

（三）准财政活动计量与预算过程的关系

将准财政活动融入预算过程不仅仅是将准财政活动资源融入预算过程、在预算系统中记录准财政活动，还需在正式的预算程序中就这些资源的取得和使用做出决定，将资源使用的效果等绩效信息融入预算过程，因此将准财政活动计量和报告形成的结构化信息融入预算过程是推动准财政活动管理改革的重要战略（图 2-1）。

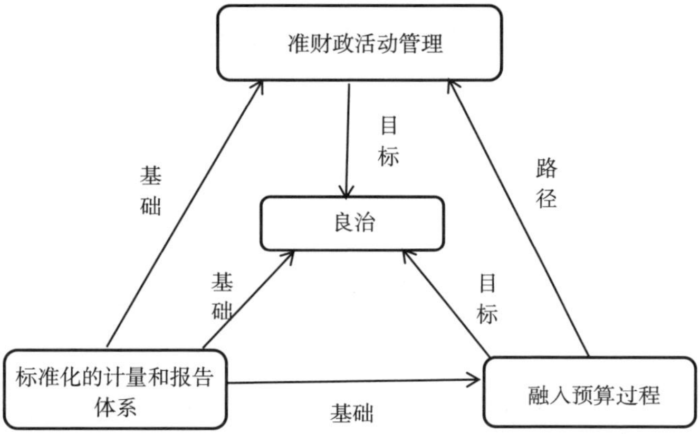

图 2-1　准财政活动计量、报告与管理改革逻辑关系图

良好的结构化信息包括预算信息、决算信息、项目执行信息、评估信息、审计信息、绩效信息等内容，因此在准财政活动的预算过程应提供预算报告、执行情况报告、评估报告、审计报告以及绩效报告等信息，同时还应提供与年度预算信息可对比的前两个财政年度的预算执行结果以及对后两年主要预算总量的预测。德国在这一方面做法是在预算文件中提供今后 5~10 年的财政总量预测❶。

良好的结构化信息还要满足良治的基本原则，将良好的结构化信息融入

❶　在德国，《预算原则法》明确要求各级政府编制多年财务计划。为协调这一任务，1968 年建立了由财政部部长、经济部部长、负责金融事务的各州部长和 4 位市政府代表组成的财务计划委员会。

预算过程也就意味着将良治的基本原则融入预算过程。法定授权、受托责任、透明度、预见性和参与性是良治的5项基本原则，强化预算过程的法定授权、扩展预算过程的受托责任、提高预算过程的透明度、在预算过程中加强参与性和可预见性成为现阶段预算改革的理论标准。

第三节　中国准财政活动的主要类型

中国拥有世界上规模最为庞大的准财政活动（王雍君，2015）。在中国准财政活动种类繁多，有政府贷款担保、税式支出、金融系统准财政活动、政府贷款、政府价格规制、其他金融机构准财政活动等。其中，政府贷款担保、税式支出、金融系统准财政活动这3类准财政活动公众关注度比较高、最具有代表性，同时也是国际上普遍存在的准财政活动类型，本书以这3类准财政活动为切入点进行分析。

一、政府贷款担保

（一）政府贷款担保的内涵和特征

政府贷款担保是一种典型的准财政活动。政府贷款担保指政府或政府机构为第三方（多为国有企业）的贷款提供担保。在政府担保活动中，政府是担保方，国有银行或与政府关系密切的银行是贷款方，国有企业或公共企业是借款方（债务人）。尽管贷款的主体是国有企业或公共企业，但是政府利用未来的财政收入为债务人提供连带担保责任，一旦借款方违约，政府就需要承担连带责任。可见，政府贷款担保的行为从一定程度上来说就是政府的举债行为，或者说是属于政府的或有债务，等同于隐性补助，但这种支出并没有体现在政府预算内，资金安排也没有经过立法程序，存在着较大的风险。

政府担保虽然由来已久，但它对赤字和长期严重的财政不平衡产生的影响，直到20世纪80年代早期才为人们所认识。担保在原借款方的失败，还本付息不得不由政府承担，对一个时期的预算造成严重压力。按照Hana Polackova Btixi（1998）从财政风险角度对政府负债的划分，政府贷款担保属于政府显性或有债务的重要内容，是政府的一项重要支出活动。相对于其他支出活动，政府贷款担保具有以下特征（廖亮，2008）：

政府贷款担保引发的风险不确定，不管是暴露的时间还是规模都难以预知。这是因为政府在提供担保时没有负债，只有当借款方不能按合同偿还贷款的情况下，政府才有义务偿还未偿还的贷款数额，因此政府债务发生的时间和规模具有一定的不确定性。

政府贷款担保多用于公益性或准公益性项目，因此具有一定的公共产品特征。政府贷款担保多出于国家政策、目标、方针的需要，用以支持公益性或准公益性的项目（如学生助学贷款担保、农业贷款担保等），因此其产品具有一定的外部效应。

政府贷款担保多是基于政府的道义责任性，由道德风险所引起，又常常导致道德风险。借款方缺乏必要的资信度或者有限的资信度都会导致贷款成本过高，政府为其提供担保，有利于当地财政、经济稳定和可持续发展。但是担保往往又会削弱担保受益人审慎从事的动力，存在被担保方的道德风险。

（二）政府贷款担保的效应分析

尽管政府贷款担保会导致未来的财政风险，但是政府担保的存在也有一定的积极效应。

1. 降低政府融资成本

政府贷款担保多用于公益性或准公益性项目，通过政府担保可以增加项目融资渠道，降低融资成本。而且，如果项目经营良好，政府贷款是可以收回的，政府担保还会有额外收益。但是，收益与风险并存，政府贷款担保也会产生风险，甚至会影响政府的资产负债状况以及中长期支出规划。

2. 可以作为反周期的政策工具

政府贷款可以作为反周期的重要政策工具，尤其是在经济衰退时，通过贷款担保数量的增加刺激经济。而当正常的经济活动开启时，贷款量可以相应地减少。但是，当经济衰退时这种办法不能与货币政策相矛盾。

（三）政府贷款担保与财政补贴支出的比较及管理要求

1. 政府贷款担保与财政补贴支出的比较

不完全信息使得潜在贷款方对借款方的资信度了解不够，政府贷款担保可以纠正这一市场扭曲现象。与政府补贴相比，政府担保属于政府的隐性补助（表 2-1）。这种隐形补助在收付实现制下会降低政府的现时支付义务，只有在借款方不能履约时才产生政府的实际支付。在权责发生制下，许多或有负债也不确定为负债，除非对或有负债进行量化并且认为它们可能需要政府未来支付。因此，在财政压力较大的时期，贷款担保从一定程度上能降低政府支出。但由于政府贷款担保产生的成本与借款方的违约风险、担保的规模、期限、政府代偿比率呈正相关关系，因此从长期看，应对担保进行控制，对担保风险进行管理，对担保支出进行判断。

表 2-1 政府贷款担保与财政补贴支出的比较

类别	政府贷款担保	财政补贴支出
融资方式	通过项目的可信度增强融资	政府财政直接投资
成本对比（信息对称时）	项目成本费用低	项目成本费用高
成本对比（信息不对称时）	政府风险增加，要求权提高	政府收益稳定

（据 Schiavo-Campo et al.，1999，有整理）

2. 对政府贷款担保的管理要求

由于政府贷款担保支出取决于对违约风险的客观判断，因此很难对担保支出进行可靠的估计。尽管如此，将政府贷款担保纳入预算并进行有效的预算管理仍很必要。首先，要求在预算中提供政府计划的担保清单，包括担保的目的、担保的类型、提供担保的政府机构、被担保者、贷款提供者、贷款的面值与期限等详细信息。其次，对政府担保总额设置上限。因为如果没有上限封顶，随意担保会对政府的资信度造成不利影响，增加中介的利息成本。这种担保封顶的做法也会使得监管更加严格，促进潜在借款方之间的竞争，从而将担保提供给财务状况最好的实体。最后，对贷款进行监控，平行于预算体制，要求定期对担保人进行审查，并预计可能发生的违约事件以及如何为违约金额提供融资。

二、税式支出

（一）税式支出的演变与内涵

探索税式支出的内涵应追溯到其表现形式——税收优惠。税收优惠是其前身，也是各国实现经济宏观调控的重要手段之一。税收优惠是指偏离于基准税制，给予纳税人或纳税对象的特殊照顾或激励。关于税收优惠的最早记录，可追溯到公元前359年战国时期秦国著名的商鞅变法，其中重要的一项就是施行鼓励农业生产的税收减免措施。此后，根据政策扶持的不同，中国税收优惠表现出不同的内容，税收优惠文件也不断出台，税收优惠在经济发展中发挥了一定的积极效应。

尽管中国的税收优惠存在于很多行业和领域，但无论从哪个层面都未对税收优惠水平进行精确核算，现有的政府统计年鉴或文件中也没有税收优惠规模及其结构的统计数据，学术界也没有给出具体衡量指标，更别说税收优惠实施效果的考察和测算。对税收优惠的管理一直未步入法治化、正规化的范畴。

20世纪60年代，西方理论界开始关注税式支出的概念，提出将税收优惠视为直接支出的替代形式，通过建立税式支出预算对其管理。与此同时，一些发达国家开始在实践中报告税式支出信息。德国和美国是最先报告税式支出信息的国家。随着这一理论传入中国，中国学术界开始关注这一问题，对税式支出的概念提出了不同的看法。尽管如此，但普遍认为税式支出与直接预算支出具有一定的可替代性，因此税式支出应同直接支出一样纳入预算管理或控制的范畴。

总之，税式支出是为了实现一定的政策目标，由政府通过规定一些偏离基准税制的条款实施的一项特殊支出，这项支出与直接支出实质一样，只是表现形式不同，因此应同样或相似地进行预算管控。从本质上来看，两者都是为了履行国家的财政职能、运用政府财政资金进行的支出。相对于财政支出，税式支出作用范围更广，受益人更自由，作用时滞也更短，但由于未纳入预算安排导致其成本和效果都无法准确衡量，在税收优惠管理中出现了大量问题。于是，税式支出作为中国准财政活动的一项主要内容亟须纳入预算或至少向预算看齐，遵从预算管理的标准，只有这样税式支出才能达到预期效果。

（二）税式支出的效应分析

1. 具有自我补偿的效应

税式支出的直接影响是税收收入的减少，财政负担的加重。然而从更长的周期来看，税式支出通过对企业研发或对个人消费的刺激，又会产生激励效应，实现更大的经济利益。因此，从长期来看，税式支出政策具有自我补偿的潜在收益性。

然而这种自我补偿效应的大小，还需要在税式支出导致财政损失的成本和税式支出带来未来财政增量的收益之间进行比较。盈亏平衡或盈大于亏是判断或选择一项税式支出方案的前提。

2. 具有宏观调控的效应

税式支出是政府进行宏观调控的重要手段。通过税式支出产业政策，能起到促进产业结构调整的目的；通过区域性税式支出政策，能起到协调区域经济发展的作用；通过对低收入群体的税式支出照顾，还能实现直接的收入分配效应，促进社会公平。

要想发挥税式支出宏观调控效应需要对两个问题进行思考：其一是税式支出设计思路与宏观调控目标是否相符的问题，如果优惠政策情况与宏观调控目标偏离或相悖，其合理性就需要思考；其二是税式支出预期效果的情况，需要考虑实现既定税式支出目标的效率。上述问题的核心是在税式支出实施过程中加入绩效评估的理念，目的在于确保政策方向的前提下，达到最优效果。不然较难实现税式支出的宏观调控效应，甚至出现不良的负面效应。

3. 具有地区竞争效应

税式支出本质上属于能够较大程度改善地区间利益布局的激励机制。地区间存在争夺税式支出这种制度红利的地区竞争效应，但是这种地区竞争效应要注意其竞争程度。大量文献研究表明，适度的地区竞争是有积极作用的，但是这种竞争不能过度，否则会出现较多的负面效应。过度的竞争会减少社会福利，带来权力寻租的可能，不利于社会公平。另外，也会因为地区的跟随，导致市场资源配置效率的降低。

简而言之，中国拥有庞杂的税式支出体系，导致税式支出各种效应或不足或过剩，其中包括自我补偿效应、宏观调控效应和地区竞争效应，实际效果不佳。另外，税式支出变动频繁，也会在梳理、应对政策方面增加更多的消耗，无形中增加纳税成本。因此，有必要对中国税式支出进行全盘计量，建立有效的税式支出管理制度，其中包括量化和评估、清理不合理税式支出等政策。

（三）税式支出与财政直接支出的比较及管理要求

1. 税式支出与财政直接支出的比较

税式支出与财政直接支出同属于财政支出，都是通过向符合要求的个人或实体提供收益或通过鼓励特定活动而实现公共政策目标，因此两者的实施目的和结果是一样的。不同的是，与财政直接支出相比，税式支出的作用范围较大，时滞性也较短（表 2-2），而且由于税式支出属于一种间接性支出，无需通过国家预算安排，因此在实际运行中更容易受到青睐。

表 2-2　税式支出和财政直接支出的比较

类别	税式支出	财政直接支出
受益人的可获得性	简单，依赖于自身特征	复杂，需要筛选
税务管理和执行费用	如果合理监督，则会较高	中等，因为计划、分配和测量系统在预算内
潜在的风险	逃税、漏税和寻租	专断或者无效
弹性	在法律范围内，公共事业单位内因政治结果而变化	在预算内，每年修订
透明度和责任支出控制	依赖于使用该政策的公共类型和目的，事后，主要取决于公共主体的行为，没有限制而且无确定性	需要维持预算支出的法律程序，全方位的，但是受到限制
所有者权益	很多纳税人在很多时候都可以享受	所有个体都会受到影响

（据乔燕君，2017）

2. 对税式支出的管理要求

实践中，税式支出与财政直接支出是分开管理的。财政直接支出通过预算授权和实施，而税式支出通过税法获得授权。在有些国家，税式支出与财政直接支出预算一起提交，但其内容控制和立法授权体系不同。在向特定群体转让特殊收益时，税式支出是一种简单、透明度较低的方式。此外，在评估税式支出影响的方法方面，因为考虑到纳税人的行为变化，有时税式支出会产生与财政直接支出不同的效果[1]。

提高税式支出的透明度是加强税式支出管理的重要方面，理想的情况是税式支出的直接影响以总值形式同时计入预算的收入和支出两个方面。但现实中，由于税式支出难以测算，因此编制明确的税式支出预算还很困难，但普遍认为税式支出评估应计入预算决策的常规过程。为此，在预算编制过程中应定期编制税式支出报表，以便对税式支出政策进行审查并在税式支出和财政直接支出之间取得平衡。有些国家（如比利时、法国和美国）把税式支出报表作为预算文件的附录，这种做法强化了立法机构对政府政策的监督。

三、金融系统准财政活动

金融系统准财政活动是指金融机构在政府指导下从事的、具有财政性质的活动。这类活动本质上是政府的财政活动，但实施主体是金融机构，如中央银行、政策性银行和一些商业银行。在 IMF 的《财政透明度手册》（2001 年版）中将金融系统准财政活动的种类分为：与金融体系有关的操作，包括有补贴的贷款（有管理的贷款利率、优惠再贴现做法、担保不足的和低于标准的贷款、贷款担保）、低报酬的准备金要求、信贷限额、救援操作；与外汇体制有关的操作，包括多重汇率、进口保证金、购买国外资产的保证金、汇率担保、有补贴的外汇风险保险。在市场经济发达国家，中央银行的独立性较强、国有银行私有化程度高以及利率市场化、存款保险制度改革等一系列制度变革较彻底，此类准财政活动较少。即使有一些银行的救助行为，也往往通过法律加以制度化，因此较透明。而发展中国家和经济转轨国家金融系统则存在大量的准财政活动。

（一）中国金融系统演变与准财政活动的内容

1. 改革开放前中国金融系统的形成和发展

1948 年 12 月中国人民银行的成立是新中国金融体系的开端。之后在借鉴苏联高度集中的计划经济体制的情况下，金融系统建立了“大一统”的管理

---

[1] 加拿大总审计长办公室和美国总会计师办公室于 1986 年 3 月联合开展的联邦政府报告研究对税式支出做出了如下评论：“取消主要的税式支出实际上对国家经济中的产出和收入造成不利影响，取消主要的税式支出后的额外税收收入总额将低于预期水平。税式支出比以赠款形式提供的直接援助的影响要大，因为某些措施直接提高了税后收入和赠款，这些收入和赠款在正常情况下应被课税或者将降低可抵扣费用。”

模式。这一阶段，金融系统隶属于财政，信贷活动本质是财政活动。附属于财政的金融系统没有与之相关的金融机构和金融政策，致使其在国民经济中的作用不能够充分发挥。可以说金融系统的活动实际就是财政活动。

2. 多元化的金融体系改革阶段

从多元化的金融体系改革阶段开始，中央银行制开始实施，财政与金融系统在管理上分离，从此中国人民银行开始独立监督、指导和管理着金融系统，但金融系统仍是承担着大量准财政职责的国家管理部门，如信贷计划和信贷资金管理。

3. 启动金融市场化改革阶段

在启动金融市场改革阶段，从制度和法律方面开始规范金融和财政系统的关系，金融系统准财政活动主要有：①补充政策性银行的资本金；②国有商业银行的独特权利，主要表现在较高法定存款准备金率和存贷款间的利差造成的垄断收入；③实施复汇率的中央银行调剂外汇的收入；④中央银行在外汇储备方面的损失。

4. 深化金融体制改革阶段

伴随深化金融体制的改革，完善金融系统在经济运行中的独立作用，政府财政改变了对金融系统的支持方式，由过去的直接干预逐渐转变为以税收调节的间接干预，但仍存在大量隐性的财政活动。

（二）中国金融系统准财政活动的特点

1. 纵观中国金融系统准财政活动的范围，呈现由小变大再逐步缩小的特点

计划经济时期，独立金融系统尚未建立，当时的金融机构包括中国人民银行在内都隶属于政府计划管理之中，统一决策，统一安排，所有活动都应该是财政活动，没有所谓的准财政活动。

改革开放之后，中央银行职责明确由中国人民银行承担，中国金融系统开始独立发挥其应有的作用。但各专业银行受政府干预相对较多，造成金融系统财政化特点明显。这样的情况一直延续到 20 世纪 90 年代中期，中国先后出台了改变过去金融系统现状的法律法规，如《中华人民共和国中国人民银行法》《中华人民共和国商业银行法》《中华人民共和国预算法》等，从此正式确立金融系统的相对独立性，不再靠发行货币弥补财政赤字。从此之后，金融系统独立于财政预算之外进行，中国人民银行一系列财政性质的活动开始出现。政策性银行的重新定位[1]在 2015 年完成，其政策性信贷也具有准财政活动的特征。可见，金融系统准财政活动的涉及面之广前所未有，从日常经营活动到支撑经济增长、从信贷扩展到救助危机，都有准财政活动的身影。但随着金融系统的市场化，这一范围也会逐渐缩小。

2. 中国金融系统准财政活动的产生易受宏观政策影响，政策性极强

中国金融系统准财政活动的产生基本与宏观经济和历史背景息息相关。1998—2005 年，商业银行的不良资产剥离、整顿农信社和农村合作基金、救助证券和投资公司等，中央银行为此大概发行 2.41 万亿元再贷款。再贷款规模增加是这一时期央行准财政活动规模增长的主要原因。上述活动为中国金融系统深化改革扫除了遗留问题，奠定了基础。2002—2008 年，国内经济环境有利于对外贸易的发展，加之优惠政策的出台，外汇规模每年以 30%的速率增加，此状况带来了国内人民币汇率和物价稳定的压力，中国人民银行自此开始以发行票据和正回购方式对冲外汇，由此产生了不小的利息支出。2008—2010 年，为应对经济危机，央行要求商业银行向地方融资平台发放低息贷款的政策，导致商业银行机会成本增加。

3. 金融系统的准财政活动具有隐蔽性

金融系统中准财政活动有显性的，也有隐性的。由于隐性准财政活动隐蔽性较强，对其衡量极其困难，比如垄断利差、隐性存款保险等。这些活动没有明文合同，也没有经过立法程序，但却一直存在。为了全面准确反映和量化准财政活动的规模和效应，需将隐性活动显性化并加以计算。

4. 中国金融系统准财政活动的产生使得财政风险与金融风险交织不清

金融系统准财政活动的产生主要源于财政和金融边界不清。完善的市场经济体制应有利于财政风险和金融系统风险之间的隔离，财政活动应聚焦在公共资源池范围，金融系统非系统性风险应独自弥补消化，而需要政府干预

---

[1] 2015 年 4 月 12 日，国务院正式批准三大政策性银行深化改革方案，明确了各自定位。国家开发银行“要坚持开发性金融机构定位”，中国进出口银行“强化政策性职能定位”，中国农业发展银行“坚持以政策性业务为主体”。政策性银行由财政部出资创立、参股和担保，服务于特定的政策目标，其形式上是金融，而实质上是财政职能的延伸，是政府的财政性工具，涉及财政资金的有效运用和政策目标的实现。

的系统性风险在动用财政干预前应走正规合法的公共决策审批程序，方可实施。但目前金融系统大量准财政活动的存在使得财政风险与金融风险交织不清，难以有效隔离。

（三）央行准财政活动存在的必然性及管理要求

由于央行的特殊地位和职能[1]，央行和财政间的关系错综复杂，央行的准财政活动在金融系统准财政活动中占比最高，规模最大。本书对金融系统准财政活动的分析主要是以央行的准财政活动为代表。根据 Stella（1997）的观点，央行的活动一般以收益为主，之所以央行利润不高，很多时候是因为从事了准财政操作，承担了政府的成本支出。

经济转轨必然伴随着大量的改革成本，在财政能力或财政收入有限的情况下，改革成本的扩大会增加政府财政的压力，增加财政债务。与财政资金相比，央行资金在性质和作用机理方面都有很大的区别，央行承担部分准财政活动能减少政府当前的压力，使得使得改革成本“后延”。

央行的铸币税特权为准财政活动的存在提供了基础，但仍有许多问题需要注意。央行由此产生的成本使得央行利润下降，金融风险增加。中国央行资产规模世界第一但利润并不高的现状在很大程度上就是由于承担了部分准财政职能。因此有必要核算这一损失，将央行的准财政行为控制在一定的范围之内，并从绩效方面与财政成本进行比较。

总之，央行准财政活动的存在有利于历史遗留问题尽快得到解决，助推金融改革。随着金融体制改革，金融机构坏账的及时处理以及救助这些历史遗留问题需要尽快解决，如果由财政承担不仅会导致政府债务的急剧增加，还会引起一系列连锁反应，影响社会稳定。而央行作为政府的银行和最后贷款人，承担这一职能可为转轨过渡提供适宜安排，而且有助于尽快解决和清理历史遗留问题。尽管如此，从长远来看，央行的这类活动如果固化，将不利于央行的发展，加大金融风险。

可见，尽管中国央行准财政活动的存在有一定的历史必然性和动机，也发挥了一定的积极效应，但由于其产生的公共资源性质的流量很少在预算文

---

[1] 当今世界大多数国家都实行中央银行制度，各国都有中央银行或行使中央银行职能的金融机构，代表国家管理金融体系，制定和执行金融方针政策。关于中央银行的职能，一般归纳为“发行的银行、银行的银行和政府的银行”。

件中体现，由央行从事大量准财政活动导致的亏损也很少作为中央政府的支出加以报告，这严重影响了央行准财政活动的透明度，也产生了大量的金融风险和财政风险。在承担这一活动的同时，还要将其准财政行为控制在一定的范围内，并考虑其活动的效率和产生的效益。

因此，对央行准财政活动的管理应与财政直接支出共同接受监督并列入预算文件中，银行部门的准财政活动报表至少应作为预算的附属报表。提供央行准财政活动的详细信息也是财政透明度的一项基本要求。

第四节　中国准财政活动管理的现状分析

准财政活动对中国经济的发展、宏观经济政策的实现起到了一定的积极作用，但是由于管理不规范，尤其是一些管理信息的缺乏，导致中国准财政活动管理中出现了诸多问题。通过分析准财政活动管理中的问题并剖析原因，能够为准财政活动的管理指明方向。

一、中国准财政活动存在的必要性

中国改革开放后伴随着市场经济体制的改革和转型，出现了大量准财政活动，不仅种类繁多，规模也十分庞大。在中国已经形成世界上规模最为庞大的准财政活动。纵观中国各类准财政活动，其出现有一定的动机。

准财政活动出现的原因主要源于两个方面：一是准财政活动可以简化行政程序，具有行政优势。相对于传统的财政活动，政府的所有活动原则上都要经过预算程序，从预算的编制到立法通过到执行监督，都需要在公民监督下完成。但是，准财政活动往往通过行政命令下达，不需要立法机关的审查和批准，并且相应的成本不记录在预算或预算报告中，也不接受立法机构和公众的监督。因此行政简便是准财政活动存在的一大动力。准财政活动存在的另一动机源于中国的分管体制。等级式治理结构依赖于各个碎片化的部门政策。部门政策很依赖准财政活动，如负责担保的部门、价格规制的部门、管理利率、汇率、经济适用房等的部门分离、部门分管，无形中强化了对命令—控制导向的等级式治理结构的依赖。

缘于以上动机，中国准财政活动大量存在，随着市场经济的发展，很多准财政活动还将继续存在，如央行的准财政活动、税收优惠、政府担保、价格规制等。因此，非常有必要建立有效的准财政活动管理机制。

二、当前中国典型准财政活动管理的现状

（一）中国税式支出的管理现状

1. 中国税式支出条款分散且没有统一的税式支出管理法

目前中国各种税式支出条款繁杂，立法层级低。税式支出规定文件数量多，且大多数以“通知”或“文件”的形式发布。涉及减免税的条款没有专门的减免税法律或规范，这些条款都是分散于个别税种的暂行条例中，大多数税式支出没有经过人大立法。2017 年财政部税政司测算的税式支出项目有 449 项，经过立法确定的仅有 47 项[1]。

税式支出立法层次低，但其规模庞大。2019 年政府工作报告中指出，2018 年全年对企业和个人减税降费约 1.3 万亿，2019 年计划实施更大规模的减税，确保减轻企业税收和社保缴费负担近 2 万亿。规模如此庞大的税式支出，对其管理的法律依据仅有国家税务总局颁布的《税式支出管理办法》和《税收减免管理办法（试行）》，法律级次均为部门规章，而且还没有统一的税式支出管理法。

2. 税式支出编制管理以传统的合规性管理为目的，缺乏绩效性评价和长期规划

现行税式支出管理以传统管理追求的合规性为目标，在各项税式支出政策的执行和监管过程，没有明确的政策目标和计划，也没有对政策目标的管理和评估。随着税式支出合规性的逐步完善，税式支出管理的目标应转向绩效性评价和长期规划。绩效评价应成为税式支出管理中的常态评价机制，通过绩效评价能促进税式支出的效率。税式支出的长期规划也是税式支出管理的一个方面，有利于增强税式支出的预见性和长期政策目标的制定。

---

[1] 企业所得税法规定了 21 项，个人所得税法规定了 13 项，车船税法规定了 6 项，环境保护税法规定了 7 项。

3. 税式支出的执行管理体系缺乏系统性

税式支出的执行管理系统应包括执行前管理、执行中管理和执行后管理三个环节。这三个环节是一个循环过程，这个过程应是系统的、封闭的。而中国现行的税式支出执行管理主要是节点式、开放式的。有的环节缺乏，执行管理缺乏完整性，与预算编制管理衔接性也不高。

4. 缺乏税式支出的后续以及评估和审计管理

现行税式支出管理的一个最大问题就是缺乏后续管理。包括对纳税人资格的变动缺乏后期连续管理，对期限要求缺乏连续性的动态管理，以致部分减免税政策不能按期终止或失去实际功效。现行税式支出管理对评估和审计管理不到位，缺乏税式支出的评估、激励和奖罚机制，审计管理意识淡薄。

（二）中国政府贷款担保的管理框架

1. 中国政府贷款担保代偿率区间比较大

地方政府的债务既包含地方政府负有担保责任的债务，也包含由于各种原因地方政府负有救助责任的债务。在统计地方政府债务的时候，应该把这一部分统计进去，并合理估算最终需要财政实际代偿的比率。

根据审计署2013年底公布的数据，2007年以来，全国各级政府负有担保责任的债务由财政资金偿还的比率在9.95%~19.13%之间，负有救助性责任的债务由财政资金偿还的比率在4.83%~14.64%之间，代偿率比较大。

2. 中国政府贷款担保未纳入预算，增加债务风险

目前中国政府贷款担保规模巨大，政府对一些行业的扶持多采用担保、承诺或变相支持的形式，但是这部分活动并没有在预算内开支，而是一种隐性或潜在的支出。而且由于各级政府间事权划分不清，一旦债务积累过大，地方政府的债务很有可能会转嫁到中央政府，加剧中央政府的偿债风险。

3. 政府贷款担保以不正确“政绩观”为牵引、以透支政府信用为代价

目前中国各级政府事权、财权不对称，尤其是地方政府财政压力很大，而对地方政府的考核又往往以经济发展、GDP的增加为标准，导致很多地方政府为了当下的政绩不惜牺牲未来的收益，透支情况严重。除各地如火如荼

的“地方财政”外，地方融资平台等多种形式的担保也大量出现。

政府担保以政府信用为代价，虽然很多担保函并不具备任何法律效力，但一定程度上通过向金融部门提供担保函却发挥了很大的信用中介作用。金融机构也乐于提供低于市场利率的“风险溢价”，反过来对政府活动借款成本的降低也起到了一定作用。但是从长期来看，这种“担保函”以透支信用为代价，是建立在不正确“政绩观”下的产物，应尽快规范并进行管控。

4. 关于中国政府担保的法律规定

1995 年颁布实施的《中华人民共和国担保法》(第八届全国人民代表大会，1995) 对保证、抵押、质押、留置和定金 5 种担保行为进行了明确规定。第二章第八条规定，除了国务院批准的为使用外国政府或国际经济贷款转贷的以外，任何国家机关不能为保证人。第六条明确了保证的含义以及债务人不履行债务时保证人的职责。

2000 年《最高人民法院关于适用〈中华人民共和国担保法〉若干问题的解释》[1] 中明确国家机关、公益性事业单位和社会团体违法担保的，担保合同无效，并对造成的损失按各自过错承担相应民事责任，该公告由中华人民共和国最高人民法院颁布。

有着“经济宪法”之称的新《预算法》(第八届全国人大常委会，2014) 颁布于 2014 年，其中第四章三十五条规定：地方政府及其所属部门不得向任何单位和个人的债务提供任何形式的担保，除法律另有规定外。国务院 [2014] 43 号文也严格限定地方政府新的或有债务在依法担保的范围内，加强统计分析和风险防控。

从上述内容不难发现，为避免行政经费亏空，影响国家行政职能履行，除法律规定外，国家行政部门不得随意担保。

(三) 中国央行准财政活动的管理现状

《中国人民银行财务管理制度》在 2000 年颁布并规定人民银行是独立的预算单位，其全部利润按比例计提总准备金后全部上缴中央财政；出现亏损

[1] 最高人民法院 . 最高人民法院关于适用《中华人民共和国担保法》若干问题的解释 . http：//www. chinacourt. org/law/detail/2000/12/id/39359. shtml.

先由历年总准备金弥补，仍有亏损部分由财政拨补。该规定明确说明了央行亏损后的弥补顺序，但事实上挂账处理较为普遍。

1. 巨额央行票据伴随着巨额的利息成本

为对冲外汇占款，央行每年发行巨额央行票据（央票）。央票的发行不仅使得利息成本增加，加大央行的支出；还会增加货币投放，与发行央票收紧流动性的目标背道而驰。同时，央票对短期国债具有替代效应，长期使用会在一定程度上影响国债市场的深化发展。

2. 为维持金融系统稳定，央行易过度使用再贷款

央行通过“再贷款”为国有不良资产融资，实质是扩大了基础货币，其潜在不利影响不容忽视；同时将央行与金融机构的利益纠缠，降低了货币政策的独立性和可信度。

3. 央行准财政活动成本不透明

央行从事了大量准财政活动，加剧了财政风险的金融化趋势，但这部分成本既没有在预算文件中充分披露，也没有体现在中央预算文件中。这部分成本是否已经兑现，或者是否已经安排兑现，均不透明。

第五节　中国准财政活动管理中存在的问题及成因

纵观准财政活动的管理现状，当前中国准财政活动管理的主要问题在于准财政活动没有纳入预算管理的范畴，对准财政活动的计量、报告、披露、监督和管理不到位。究其原因主要是由于准财政活动管理缺乏适当的信息基础，没有构建标准化的计量和报告体系，因此构建标准化的计量和报告体系意义重大。

一、准财政活动管理中存在的问题

（一）政府活动尤其是准财政活动的计量性差

与市场活动相比，政府活动的计量性较差。很多政府活动由于成本、效益等信息不好界定导致无法进行评估；还有一些政府活动计量指标没有构建，即便是有大量可计量的信息，但是由于没有集成化的指标导致这些信息成为无用的信息。因此，从决策的角度来看政府活动的计量分析显得很重要。

准财政活动同样是政府履行公众受托责任的一项活动，对准财政活动的决策也要建立在计量的基础之上。从当前中国的管理实际来看，准财政活动不仅没有纳入预算，更没有计量的支撑。一些研究显示，目前中国准财政活动的规模很大，占 GDP 的比例甚至比一般公共支出的比例还要高。计量性差导致准财政活动政策的设计不好衡量。

（二）对准财政活动的报告、披露机制不完善

根据 IMF 和世界银行关于财政透明度的最低标准，最低要求的财政报告包括披露公共部门资产负债表、“税收与支出政策变动及其财政效应报告”，央行与公共金融与非金融实体准财政活动报告、或有债务与税收支出报告和综合的财政风险报告，主要口径的财政赤字（包括综合赤字、基本赤字、运营赤字、现金赤字和承诺基础的赤字）也应加以报告。与之相比，中国在这方面的差距依然很大。

2003 年王雍君教授的《全球视野的中国财政透明度——中国的差距与努力方向》一文分析了财政透明度的推动力量并参照国际规范，以 IMF 对发展中国家和转轨国家规定的最低标准对中国的财政透明度进行了对照。根据 2003 年的数据，在 27 项标准中，中国仅有一项是符合最低标准的要求的，10 项属于部分符合，其他 16 项都不符合。比如在“信息的公共可得性”这一大类下面的 7 项标准，中国全部是不符合。

在预算透明度方面，国际预算合作组织每两年发布一次开放预算调查报告。最新调查显示，2012 年中国开放预算指数为 11 分，低于 2008 年的 14 分和 2010 年的 13 分。不仅低于被调查国家的平均分（43 分），也远低于新西兰（93 分）、巴布亚新几内亚（56 分）和韩国（75 分）的得分（IBP，2010）。这说明中国在预算信息的公开方面还存在很大差距，同时也说明公众对政府资金的监督力度远远不够。

（三）对准财政活动的监督、约束管理不到位

由于准财政活动未包含在预算内，脱离了财政预算和决算，脱离了财政

监督和约束，导致这类活动的实施不理想，不仅达不到预期的效果，甚至会出现一些违法违规行为。如2017年1月初财政部分别致函内蒙古自治区、河南省等几个地方政府及商务部、银监会2个部门，要求依法问责部分县市违法违规举债、担保的行为，并依法处理个别企业和金融机构违法违规行为。

由于监管约束机制不到位，很多地方政府以建设投资为理由，为企业或融资平台违法违规担保，尽管在一定程度上促进了地方经济的发展，但由于审批不严、担保随意、监管不力，导致政府潜在的风险加大，不仅把企业的责任和风险转嫁给了政府部门，还加剧了道德风险。

准财政活动的法制约束和监督，是确保准财政活动管理合规化、绩效化及保障问责的重要手段。目前中国还没有专门针对准财政活动管理的法律和规范，尽管2015年实施的新《预算法》将预算的全面、公开列为首要目标，但是一些实质性安排还并未出现在公众视野中。《政府信息公开条例》有关规定与新《预算法》还不能有效衔接。透明度的提升有必要修改《政府信息公开条例》或将之升格为《政府信息公开法》，按照“公开为原则，不公开为例外”制定政府财政信息公开负面清单，否则很难取得实质进步。

二、成因分析

以上分析可以发现，中国准财政活动管理中没有立法约束，计量和报告体系不完善，管理与预算脱节严重。形成上述问题的原因是多方面的，主要表现在以下几个方面：

（一）财政透明度方面的原因

通常情况下财政透明度与市场经济发达程度成正比。如美国、德国等都较早开始了准财政活动透明度探索，并形成相应量化、披露和评价机制。反观发展中国家，准财政活动存在频繁，但透明度相对较低。中国无论是信息公开还是透明度方面与国际标准差距很大，很多政府信息披露程度低，公众更是难以取得信息。透明度不高是准财政活动不能妥善管理的一个重要原因。

（二）长期得不到改善的另一原因是成本与收益不对称

推动财政管理改革成果显著的成功案例非新西兰莫属。新西兰自20世纪

80 年代开始了一系列提高财政透明度的措施。短短几年成效显著，财政赤字率急剧下降，1985 年为 9%，在警戒水平以上，1994 年就下降为 3%；财政支出比率、债务比率都下降迅速。财政经济形势的改善还突出表现在，1992—1994 新西兰每年都成为 22 个 OECD 国家中政府体制最有效的国家。

虽然透明度带来的收益高于其投入的成本，但是推进准财政活动透明度改革困难重重。究其原因是准财政活动实施过程中的模糊地带或寻租空间的存在，又缺乏有效的监督和评价，使得这些活动成本较难核算，财政担负的比例不清楚，由此产生寻租行为。

（三）技术和管理方面的原因

透明度问题、成本问题只是准财政活动管理效果不佳的表面原因，从根本上看，准财政活动管理中的诸多问题主要是由于预算与管理脱节造成的。由于准财政活动没有纳入预算的范畴，对其支出没经过法定的授权程序，也没有立法机关的审查和批准，同时准财政活动实施过程中也很少受到监测和监督，使得准财政活动达不到预期的效果，甚至违背最初的活动目标。

准财政活动预算与管理脱节主要表现在准财政活动管理的技术不成熟，尤其是没有建立良好的量化衡量标准，并且有良好的报告和激励机制，导致会计和审计人员难以对准财政活动进行核算和监督，管理人员得不到良好的有利于管理的信息。如同财务人员需求财务报表一样，管理人员同样需要有利于满足管理要求的管理报告和报表，这对于良好管理非常重要。

通过以上成因分析，发现技术问题（尤其是结构化信息的缺乏）是影响准财政活动管理的最基础因素，也是最重要的因素。结构化信息是将一些分散、零碎的信息高度集合的信息，计量体系通过设计指标（尤其是一些关键指标）更利于将信息集合，制式报表可以将信息以有利于使用者的方式呈现和披露，因此建立计量和报告体系有利于解决信息结构化的问题，准财政活动妥善管理亟需建立标准化的计量和报告体系。

三、标准化的计量和报告体系构建的必要性

计量可以为准财政活动的管理提供必要的信息。广义的计量包括量化和报告两方面的内容。从政府会计的角度而言，计量就是把确认的交易或事项

加以定量化入账或列入财务报表的过程。解决计量问题可以使更多地交易或事项从财务报表外进入表内，从而能够使政府财务报告提供有关政府财务活动及其结果更加真实和完整的反映。标准化的计量和报告体系对于准财政活动的管理、受托责任的履行以及政策的制定、风险的评估等都有至关重要的意义。

(一) 标准化的计量和报告体系可以为准财政活动管理提供适当的信息

“信息系统论”认为，信息是管理所必需的工具。从一定程度上看，管理就是对信息的管理。对准财政活动信息的获取是准财政活动管理的一种职能，是一种基础职能。标准化的计量和报告体系可以提供全面、可靠、准确的准财政活动信息，是准财政活动管理的基本内容，在其管理中起基础作用。

(二) 标准化的计量和报告体系可以为准财政活动受托责任的履行提供良好的保障

信息被称为“受托责任生命的血液”，如果缺乏政府活动能力以及绩效的准确信息，现实中的受托责任机制就不能正常发挥作用（布瓦纳和劳，1992）。信息经济学认为，信息非对称是受托责任产生的主要原因，责任承担方比责任授予方更具有信息优势，授予方有要求承担方提供其行为是否适当、绩效性如何等方面信息的权利，而承担方也有汇报的义务，于是报告机制由此产生。由此，有效地提供准财政活动报告不仅是公众评价政府工作的基础，也是将政府活动控制于受托责任之中，保障受托责任履行的有效手段。

(三) 标准化的计量和报告体系可以为准财政活动政策的制定提供良好的依据

准财政活动作为一项特殊的支出政策，这项政策的存在有无必要以及如何选择，取决于政策是否符合经济、社会发展的需要，政策的成本-收益情况如何以及与其他政策间的替代关系。透明、具体而准确的信息是良好政策制定的依据，准财政活动的计量和报告系统所形成的结构化信息为准财政活动政策的制定提供了依据。

（四）标准化的计量和报告体系也是加强准财政活动风险管理的客观要求

随着准财政活动规模的扩大，准财政活动所隐含的风险不容小觑。由税式支出导致的税收流失风险、由政府贷款担保带来的政府或有债务风险以及金融系统准财政活动产生的金融风险大量存在。将准财政活动计量所产生的信息进行报告，并加以披露，可以提高准财政活动的透明度，有助于客观评价准财政活动中的风险，加强风险防范和管理。

本章小结

准财政活动管理改革建立在一定的理论基础之上，委托代理理论、“公地悲剧”理论、现代预算管理理论从不同的角度指向了准财政活动的管理改革。对准财政活动管理改革的研究要界清准财政活动、计量和报告、预算过程、良治4个概念和相互之间的逻辑关系。尽管中国很多准财政活动的存在有一定的必然性和动机，而且很多活动还将继续存在下去，但是从三类典型准财政活动（税式支出、政府贷款担保、央行准财政活动）的管理现状来看，中国准财政活动管理法律级次低且预算管理不健全，预算与管理脱节严重。究其原因，除了透明度、改革成本方面的原因外，技术方面信息不足也是非常重要的原因。准财政活动预算与管理脱节在很大程度上是由于结构化信息不足，结构化信息能为准财政活动管理提供基础，尤其是良好的结构化对于基于良治的管理也是非常重要的，因此有必要解决信息结构化不足的问题。标准化的计量指标和报告体系从一定程度上可以有效地将信息结构化集成，具有非常重要的实际意义，因此应该尽快建立标准化的计量和报告体系。

第三章　准财政活动计量指标的设计

标准化的计量和报告体系构成准财政活动管理的信息基础。计量是以适当的方式获取相关信息的过程，准财政活动的计量是运用适当的计量指标获取准财政活动相关信息的过程。通过该过程可以为准财政活动管理提供许多有价值的信息，包括最优限额信息、成本效益信息、预算执行信息、风险信息、绩效信息等。

尽管准财政活动的计量并非仅仅解决“成本是多少”的问题，但准财政活动的成本信息显得至关重要。本章首先分析了准财政活动计量指标的设计内容，接着对税式支出设计具体指标和成本估算，对政府贷款担保设计指标体系，对央行准财政活动成本进行简单估算。通过准财政活动计量指标的设计，以期为中国准财政活动的管理提供必要的信息。

第一节　准财政活动计量指标的设计

由于在准财政活动运行中会产生大量碎片化的信息，还有一些无用的垃圾信息。因此，需要对这些信息筛选并进行整理、集合。计量的目的就是为准财政活动的管理提供适当有价值的信息。有价值的信息来源于对“量化什么”和“如何量化”这两个问题的有效回应。对“量化什么”的回答，要求设计准财政活动的计量指标，在准财政活动管理中计量指标的选择应瞄准最重要的管理目标。而“如何量化”则是计量指标的量化方法或指标数据的获取方式，科学的计量方法有利于客观、准确地获得准财政活动的数据信息或其他信息。对这两个问题的有效回答决定了信息的价值，本节围绕这两个问题设计了准财政活动的计量指标和量化方法。

一、准财政活动计量的内容

准财政活动作为公共支出的替代性政策工具，对准财政活动管理的目标服从于公共支出管理的目标。优良公共支出管理的三大关键目标是：财政纪律与总量控制；基于政策优先性的资源分配与配置效率；营运管理与运作效率（Salvatore Schiavo-Campo et al.，1999）。与这三个目标相对应，公共支出管理要解决三个关键问题：支出控制以约束财政总量；在政府核心层基于政策优先性的资源配置以及在支出机构确保公共资源的有效营运。除此以外，关注适当程序以确保合规性以及控制财政风险损失，也是公共支出管理的基本要求（表 3-1）。

表 3-1　公共支出管理的目标

目标	收入功能	支出功能	组织级别
财政纪律与总量控制	可靠的预测	支出控制	核心部门
资源分配与配置效率	税收公平与归宿	支出规划	部门之间
营运管理与营运效率	收入管理	支出管理	部门内部
适当程序（合规性）	收入管理	支出管理	部门内部
控制财政风险损失	收入管理	风险管理	各个层次

资料来源：参考 Salvatore Schiavo-Campo et al.，1999 整理。

准财政活动计量的内容取决于准财政活动的管理目标。在公共支出管理三个层次的基础上进行拓展，妥善管理准财政活动要在总量控制、配置效率和营运效率方面有所作为，同时还要建立适当的程序和标准，控制准财政活动预算实施中的违规和财政风险，提高透明度。

（一）总量控制

总量控制是衡量“支出总额应该是多少”的问题，准财政活动总量或规模的信息是判断这一指标的关键。准财政活动规模既可以用总规模来衡量，也可以用相对规模来衡量。相对于绝对规模，国际上多是以相对规模——准财政活动支出增长率或准财政活动支出占 GDP 的比率来反映的。总量控制应包括全部的准活动支出，理想的情形是税式支出、贷款支出、担保支出等准财政活动总量都包含在内。

与总量数据相比，总量控制要重点反映估计或测算的总量是否在预算数量控制范围之内，即确定适度的准财政活动预算限额。准财政活动预算限额确定的一般原则是总量不能超出财政的承受能力。因此根据税收收入和财政收支平衡的关系设置准财政活动的约束比率也是总量控制的一项重要内容。

（二）配置效率

配置效率主要分析预算资源的配置是否准确反映了政策重点和战略优先性。从大的方面讲是指准财政活动政策的整体安排，从小的方面讲是指各种准财政政策手段的采取或使用。因此配置效率评估的主要内容是评估准财政活动支出政策或手段与政策需求和政策运作条件的符合程度。有些国家（如加拿大、澳大利亚）将这一内容概括为准财政活动的适合性。重点计量或评估某项准财政政策是否符合并真实反映了社会经济的实际需求，以及在备选的方案设计中是否以最有效的办法来实现政策目标。

（三）营运效率

营运管理是指申请和使用预算资源的支出机构，以其资源投入提供产出以满足顾客需求的过程。提高营运效率与加强绩效导向息息相关，因此建立绩效指标体系对准财政活动进行绩效计量是这一指标的主要内容。准财政活动的绩效计量目的在于提供准财政活动的绩效信息，从而为准财政活动规划管理提供基础。

按照绩效表尺的不同，绩效指标大致包括两大类：非组合指标和组合指标（王雍君，2010）。非组合指标由投入指标和一系列反映某种单一结果的指标构成，包括投入、产出、成果、影响和过程。组合指标由那些在更高程度上使用两个相关绩效标尺组合而成的评价对象构成，一般包括效率[1]、有效性[2]和经济性[3]和成本效益比[4]。相对而言，组合指标能够提供更好、更有用的绩效信息，与准财政活动计量的内容要求一致。

---

[1] 效率指产出质量一定的前提下，某项活动的投入与产出间的对比关系，通常以“单位产出的成本”进行计量。

[2] 有效性指某项活动实际取得的成果与规划目标间的对比关系，也即政策目标的实现程度。

[3] 经济性也称为成本有效性，指以最低的经济成本实现政策或规划目标的程度。与有效性相比，都是关注政策或规划目标的实现程度，不同的是有效性是成果与目标的对比，成本有效性是成本与目标的对比。

[4] 成本效益比是规划所投入的资源（货币形态）与成果之间的对比关系。

综上，准财政活动的绩效计量指标可以主要设定为准财政活动的效率、有效性、经济性和成本效益比 4 个方面。准财政活动的效率即准财政活动项目支出与所取得的收入间的对比关系。准财政活动的有效性即实施某项活动实际取得的成果对政策目标的实现程度；准财政活动的经济性指准财政活动的最低成本投入对政策目标的实现程度。成本效益比指准财政活动规划所投入的货币资源与成果之间的对比关系。

（四）风险评估

准财政活动不同于直接预算支出的一个显著区别就是存在潜在的风险。如依源于税收制度政策的相对稳定性和依源于纳税人主观选择支出发生的不确定性，由此决定税式支出的或有支出性质（张晋武，2008）；政府担保一发生就具有或有负债的性质，如果担保在借款者身上失败，还本付息不得不由政府承担，对一个时期的预算会带来较大的压力；央行的准财政活动更是加剧了央行的亏损，导致金融风险和财政风险并存。因此，很有必要将风险指标纳入准财政活动计量的内容范围。

设立准财政活动风险指标的目的在于掌握准财政实施中以及实施后所产生的风险信息，并对风险进行监测和管控，这对于良好管理和融入预算都是极为重要的。

计量准财政活动风险应集中关注两个关键指标：损失的频率和严重性。损失的频率指造成未来损失事项发生的可能性，如担保违约事件的发生概率等。损失的严重性指某项活动或事件导致损失的大小或规模。在风险管理中，需要将损失的频率和严重性一并考虑。如重大的贷款担保违约事件即使发生的频率不高，但只要发生就会造成重大损失，因此也需要高度关注。

（五）比较评价

比较评价基于准财政活动与直接预算支出两者同质基础上的可替代性，因此，对于实现一定的政策目标，某项准财政活动是否比直接预算支出更适当、更有效，自然就成为准财政活动管理需要考虑的一个方面。一些国家是将其作为成本有效性评价的一个内容考虑的。

（六）透明度评价

对于以上反映的结果应公开披露，也就是说总量信息、资源配置信息、绩效信息、风险信息等应公开披露。不仅如此，透明度还要求数据信息的可靠性和可信度，政府也应做到财务诚实。

总之，从准财政活动管理的内容来看，准财政活动的计量主要包括总量控制、适合性评估、绩效评价、风险评估、比较评价和透明度6个方面。鉴于不同准财政活动的政策着力点不同，各类准财政活动计量的内容会有所区别。

二、准财政活动计量指标设计的具体要求

准财政活动的计量指标即准财政活动的衡量标准，是一套通过适当的方式获取准财政活动政策设计、实施过程以及实施效果信息的工具。准财政活动衡量的具体指标一方面取决于准财政活动计量的内容和目的，另一方面又取决于准财政活动评估应采取的具体方法或技术策略。

（一）符合和满足准财政活动计量的内容和目的

从准财政活动计量的内容来看，根据中国准财政活动计量内容的重点，应针对反映准财政活动的总量层面、配置层面、绩效层面和风险层面来选定一级指标层。然后根据每一层面的管理目标设置二级指标层。二级指标层可根据准财政活动的类型分别选择具体的衡量指标。如税式支出总量层面的指标主要指税式支出的成本控制指标；政府贷款担保的总量指标主要指政府贷款担保总额的控制指标；央行准财政活动的总量指标指央行准财政活动的成本控制等。

从准财政活动计量的目的来看，一是有效性，二是适当性。有效性指准财政活动政策是否以最经济、最有效的方式实现了政策或规划的目标，它标示的是实施一项准财政活动的事实信息，包括成本多大、投入多少、产出多少、成果如何、损益多少等，回答的是实施一项准财政活动对政府和社会最终产生了什么影响或发生了什么作用的问题。为客观起见，对事实的描述尽量采用定量化指标，以数据的形式来表示。适当性指准财政活动政策是否以最适当的方式体现或达到了人们的价值与理想追求。它标示的是一项准财政活动的价值标准，包括不同的政策代价之间、不同的政策成果之间及政策代价与政策成果之间如何比较轻重和取舍的标准，回答的是理想的准财政活动政策状况应该是什么样的问题。为全面起见，适当性宜采取定量指标与定性

指标相互配合的指标体系。

（二）兼顾相关性、可计量性与可解释性

相关性是指评价指标与评价所要说明的问题的关联程度。相关性的优差，与指标属性和所要说明的问题的性质相联系。如果准财政活动计量所要说明的是资源的获取和使用，则成本指标的相关性是最好的。如果准财政活动计量是强调说明结果如何，则产出和成果指标的相关性是最好的。

可计量性是指评价指标计量的难易程度，它取决于两个因素：准财政活动所要鼓励或扶持的活动的性质与计量指标的属性。有些活动明显比另一些活动易于计量，同样有些指标明显比另一些指标易于计量。一般的规律是，成本指标比产出和过程指标容易计量，产出指标比成果和影响指标容易计量，经济性指标比社会性指标容易计量。

在所有的技术策略中，可解释性极为重要。可解释性是指评价指标可在多大程度上解释准财政活动的政策绩效。只有在高度可解释性的情况下，计量指标所得出的信息才能清楚地说明问题。

准财政活动计量指标的设计应同时考虑相关性、可计量性与可解释性，但是这三者之间很多时候是不兼容的或者说兼容性不强。如在评价绩效时，从相关性来讲，成果指标优于产出指标，产出指标优于投入指标；但从可解释性和可计量性讲，投入指标好于产出指标，产出指标好于成果指标。一般的规则是，可解释性与相关性的兼容性好于可解释性与可计量性的兼容性。

中国准财政活动计量指标体系的设置，应尽量兼顾相关性、可计量性与可解释性这三个方面。鉴于有的指标可计量性差，比如产出、成果指标等，在准财政活动管理制度建立初期可先围绕投入或成本指标进行估计或预测，以后再继续完善其他指标的计量方法。

三、准财政活动计量指标的设计

（一）指标体系的设计

根据准财政活动衡量指标设计的标准及具体要求，设计中国准财政活动计量的指标体系（表 3-2）。

表 3-2　准财政活动计量指标体系

一级指标	二级指标	三级指标	指标的解释
准财政活动计量指标	总量指标	绝对量指标	某类准财政活动总成本或总规模
		相对量指标	某类准财政活动相对成本或相对规模
		预算限额指标	某类准财政活动的适度限额
	配置指标	适当性指标	政策或项目是否真实反映了实际需求
	绩效指标	效率指标	某项活动的投入与产出间的对比关系
		成果有效性指标	某项活动实际取得的成果与规划目标间的对比关系
		成本有效性指标	最低的经济成本实现政策或规划目标的程度
		成本效益指标	规划所投入的资源（货币形态）与成果之间的对比关系
	风险指标	风险损失指标	衡量风险发生的概率及严重性
		风险预警指标	为控制风险的约束指标
	透明度指标	信息披露程度指标	通过消费者满意度来反映

资料来源：根据以上分析由作者整理汇总。

（二）指标的属性与数据获得

总量指标反映的是各类准财政活动的成本信息，通常指预算中安排的投入，因此也可以称为投入指标。在实践中，许多国家投入指标的数据一般包括两个部分，即估算数据和预测数据。估算数据是利用已有的统计和历史数据，根据相关模型或方法估算出过去年度的数额，而预测数据是在已有历史数据的基础上，根据经济政策和经济变量之间的关联性对未来投入的测算，目前投入指标以估算数据为主，预测数据只能“尽力而为”。从指标属性来看，总量指标属于定量指标。

配置指标（适当性指标）反映的是各类准财政活动政策或项目对社会经济实际需求的反映程度，以及为实现特定目标各备选方案的优劣选择。对于适合性多采用定性分析法，如优势分析法。优势分析法是通过分析某项准财政活动对政策目标的弹性或敏感度，以此判断其适当性和有效性的方法。如对促进投资和产业发展的税式支出，可根据投资对税式支出弹性的大小判断税式支出的适当性，如果某个行业投资对税式支出没有弹性或弱弹性，则再多的优惠效果也不显著，当前的税式支出手段就不合适。

绩效指标关注的是产出和成果，强调准财政活动的实施效果。相对于成本而言，效率或效果的衡量比较困难。对效益数据能确切计量时，绩效评价宜定量评估；效益数据不易获得或不能用货币衡量时，绩效评价有时定性评估。因此绩效指标属于定性与定量相结合的指标。鉴于绩效评价在公共管理中的重要性，绩效评价的定量分析显得越来越重要，很多国家也在逐渐重视和加强。如加拿大从 20 世纪 80 年代后期开始，在税式支出报告中就涵盖了绩效评估的内容；美国财政部目前正着手数据采集和模型构建，来跟踪分析 10 年税收政策变化的结果。成本收益分析法是测算准财政活动效应的常见方法。

风险指标反映的是项目或政策实施中带来的财政损失的风险，对准财政活动的风险程度或风险等级进行测算有利于防范和降低风险，实现财政的可持续性。因此，对于风险尽量量化评价，不仅量化潜在风险的大小，还要建立风险预警指标，在报告中详细披露风险信息。

透明度指标涵盖以上信息的披露程度和披露方式，对此一般采用专家打分、实地调查或问卷调查的形式得到数据基础，因此这一指标很多时候根据打分结果或调查结果进行赋值来确定。

第二节　税式支出计量指标与成本估算

税式支出是一种典型的准财政活动。目前西方很多国家已经建立了规范的税式支出计量和报告体系，为税式支出的良好管理、法律管理、预算管理提供了良好的信息。随着中国学术界对税式支出研究的深入，将税式支出纳入预算并基于良治原则的管理已成为共识，为支持基于良治的管理和纳入预算，建立一套标准化的计量指标迫在眉睫。本节根据税式支出的管理内容的特点构建了一套具体计量指标体系，并对中国历年税式支出成本进行了估算。

一、中国税式支出的计量指标

税式支出是典型的准财政活动。税式支出预算管理的内容包括税式支出的成本估算、税式支出的适当性评估、绩效评估和风险控制。参照上述准财政活动计量指标的设计要求，税式支出计量指标的设计同样需要满足税式支出管理的内容和目的，并遵循相关性、可计量性和可解释性的技术标准。税式支出管理的计量指标主要包括总量指标、适合性指标、绩效指标、风险指标和透明度指标（表3-3）。

表 3-3　税式支出计量指标体系

一级指标	二级指标	三级指标	指标公式或指标含义
总量指标	绝对规模	税式支出总规模（总成本）	潜在税收收入（标准化税收收入）-实际税收收入-非优惠税收收入流失额
	相对规模	税式支出增长率	[（当年税式支出-上年税式支出）/上年税式支出] ×100%
		税式支出占 GDP 的比例	年度税式支出/年度 GDP×100%
		税式支出占全部应收税收收入额比例	(年度税式支出额/年度应收税收收入额)×100%
		税式支出占财政支出总额的比例	(年度税式支出额/年度财政支出总额)×100%
	适度规模	税收收入标准	税式支出≤应收税收收入-可收税收收入
		财政收支标准	税式支出≤应收税收收入+非税收入-直接支出
适合性指标	适合性评价	合适性	税式支出规划的目标或预期取得的成果是否符合政策优先性和客户的需要
绩效指标	效率评价	效率	税式支出投入和产出之间的对比
	效果评价	成本有效性	税式支出最低的投入对于政策和规划目标实现程度之间的对比
		成果有效性	税式支出取得的成果对于政策目标的实现程度之间的对比
	成本效益评价	成本-效益比	税式支出规划所投入的资源与成果之间的对比

续表

一级指标	二级指标	三级指标	指标公式或指标含义
风险指标	潜在风险评价	摊提时间（按年计算）	一定时期内的税式支出额/纳税人以后年份回收项目的年度回收额
	风险预警评价	税式支出的 GDP 弹性	[年度 GDP 增长率/年度税式支出的增长率]×100%
		税式支出的社会纯收入弹性	[年度社会纯收入增长率/年度税式支出的增长率]×100%
		税式支出的税收收入弹性	[年度税收收入增长率/年度税式支出的增长率]×100%
		税式支出的人均收入弹性	[年度人均收入增长率/年度税式支出的增长率]×100%
透明度指标	信息披露程度评价	消费者满意度	通过消费者满意度反映信息披露的程度

资料来源：参考张晋武《中国税式支出制度构建研究》相关内容，由作者整理。

二、主要指标的解释与计算方法

1）税式支出总量主要是指税式支出预算成本的估计。国际上，对税式支出预算成本的估计主要有三种方法：收入放弃法、收入收益法和支出等量法。鉴于中国税式支出制度还不完善，对基准税制的界定还不规范的现状，以及收入放弃法计算简便、对纳税人行为的相关假设不敏感的优点，目前中国税式支出成本的估算宜采用收入放弃法。收入放弃法的基本思路是以某税种不计税式支出的标准化税收收入，减去现行税式支出政策下实际的税收收入，再减去非优惠税收流失额，得出某税种的税式支出成本总额。一般计算公式为：

某税种税式支出成本=某税种的标准化税收收入-某税种实际税式收入-非优惠税收收入流失额

2）税式支出的适度规模指的是税式支出的适度成本或者说税式支出成本的范围。由于税式支出导致的支出同样来自纳税人的所有税收收入，因此从税收收入的视角来看，税式支出不应该超过税收应收收入与可收收入的差。

税式支出≤应收税收收入-可收税收收入

从财政收支平衡的角度来看，财政收入不仅包括税收收入还包括非税收入，如国债等，财政支出不仅有税式支出还有大量的直接支出，因此可从财政收支平衡来看，税式支出不应该超过应税税收收入加非税收入与直接支出的差。

$$税式支出 \leqslant 应收税收收入+非税收入-直接支出$$

无论是何种方式来界定税式支出，仅仅只是给出了一个大致的适度范围，而最优税式支出规模的确定还要考虑在适度范围内其边际社会效应的情况，税式支出应具有正的边际社会效应。

根据林达尔模型，税式支出规模的大小取决于税式支出成本对应的新增税收在不同社会群体之间的分担比例，经过多轮投票机制后，最终会形成一个所有社会群体都认可税收分摊比例，并在此基础上决定税式支出的最优规模（张馨，1999）。考虑到税式支出与直接支出间的替代性，还可以尝试从单位税式支出所带来的效应与单位直接支出所带来的效应相等的角度来确定税式支出的最优规模。

3）对于税式支出的绩效评价，学术界经常以“3E”（经济性、效率和有效性）作为判断标准，从投入成本比、产出投入比、成果产出比的角度分别考核，这对于税式支出项目优劣的鉴别提供了很好的参考。除此以外，成本效益法也是判断项目是否可行经常使用的一种方法。尽管这些指标从不同的角度提供了税式支出绩效的信息，但是也有可能因为指标太多或参考信息太多而出现混乱的情况。鉴于此，对于税式支出绩效的评价可以考虑仅用关键指标来表示。

王雍君（2018）认为绩效评价从内部管理的视角而言，成本有效性指标最适当、也最具普适性，好于任何其他内部指标及其总和（王雍君，2018）。从技术的角度而言，成本有效性指标能直接纳涵“3E”信息的内容，其计算公式为：

$$\begin{aligned}成本有效性 &= 经济性 \times 运营效率 \times 有效性 \\ &= (投入/成本) \times (产出/投入) \times (成果/产出) \\ &= 成果/成本\end{aligned}$$

从相关性的角度来看，将财政支出活动的“成本-投入-产出-成果”过程连接，与成果导向绩效的相关性很强。因此，提供的信息结构对判断税式支出的优劣以及原因提供了便利。从可解释性的角度来看，成本有效性指标从目的性方面具有较强的可解释性。因为绩效评价追求的就是保障代理人成本的节约性和成果的满意性，而成本有效性联结成本和成果恰当地表达了成本与成果的信息，以及比较信息。

总之，无论是从技术角度还是相关性、可解释性方面，成本有效性指标所提供的信息都能很好地表明税式支出的绩效情况，因此属于绩效评价的关键指标。值得说明的是，其他绩效评价的指标也是需要的，它们可作为成本有效性指标的派生指标或辅助指标。

4）税式支出风险指标中经济风险的评价可用摊提计算法。计算公式为：

摊提时间（按年计算）＝一定时期内的税式支出额/纳税人以后年份回收项目的年度回收额

如果某一税式支出项目的摊提时间小于或至少等于预期的时间，则表明这一税式支出项目是经济、安全和对财政稳定及财政可持续性不存在潜在威胁的。

5）税式支出的透明度指标反映的是税式支出信息的披露程度、披露范围、披露及时性等方面是否满足相关者的需要，尤其是公众的需要。因为税式支出的成本最终来源于广大纳税人（公众），因此公众是最有资格评价公共支出的，也是最适合的角色。于是，公众以及利益相关者的满意度可作为评价税式支出的透明度的一个恰当指标。对于公众满意度的评价可参考准财政活动透明度的评价指标来设计（见附录1）。

三、中国税式支出成本的估算

税式支出的成本估算是税式支出计量以及预算管理中一个重要环节。原因有以下5个方面：第一，成本控制是税式支出预算管理的首要目标，目的在于成本控制既可以使税式支出满足宏观经济调控战略发展的需要，又可以在数量方面得到统计、反映、监测、追踪和合理控制。第二，成本核算是反映资源配置信息、绩效信息、风险信息以及透明度信息的基础，可以为其他计量指标的实施提供依据。如在资源配置决策中，其他条件一定时成本的高低可以作为资源配置决策的一个依据；绩效评价中更是需要将成本数据与其他数据作对比，从而计算税式支出的绩效数值；风险信息也包含成本的因素；成本信息也是透明度指标的一个构成方面。第三，成本估算是税式支出规模控制的内容，只有合理核算成本，才能判断这一规模是否合适以及是否最优。

第四，成本估算能反映税式支出概念的本质。税式支出从概念上说，就是由于实施税式支出所放弃的收入或所产生的财政成本，其五，成本估算为税式支出报告中税式支出表中的数据提供来源或依据。

对税式支出计量指标的核算是一个非常复杂的技术问题，目前学术界还没有完整的核算体系。鉴于成本估算的重要性，以及可为税式支出报表提供必要的数据信息，本书仅以成本核算为例，尝试对税式支出进行成本估算。

（一）成本估算的步骤

如上文所述，中国税式支出的成本估计宜采用收入放弃法。收入放弃法计算的基本原理在于将实施税式支出后的税收收入与假如没有税式支出的税收收入进行比较，从而测算出由于税式支出导致的财政收入减少额。计算公式为：

税式支出成本（T_p）= 标准化的税收总量（T'）-实际或实征税收总量（T）-非优惠的税收流失规模（T_u）

理论上，在采用收入放弃法计算时要考虑一些连锁反应，但实践中很多国家都没有充分考虑由于税式支出导致的连锁反应，因为对连锁反应的计量非常困难。本书在此也假定税式支出不会对纳税人的行为、经济总量变动等产生影响。

第一步，计算标准化的或潜在的税收收入。

标准化的税收收入以标准化的税基与标准化的税率相乘得到。由于不同税种标准化的税基不同，因此难以确定宏观总量中的税基。为简化起见，将潜在的税收收入表示为实征税收收入与实际征收率之间的比率。即：

潜在的税收收入（T'）= 实征税收收入（T）/实际征收率（x）

第二步，计算税收实际征收率。

年度实征税收收入的数据可以从每年财政统计年鉴或国家税务局网站获得。而实际征收率不好确定。实际征收率取决于税务部门的征税能力以及纳税人的税收遵从率。税收实际征收率可根据国家税务总局的统计进行估算，据公布 1994 年为 50%多，2009 年为 70%。为平滑估算，假定以 1994 年为基础，每年增长 1%。

第三步，计算非优惠的税收流失额。

非优惠的税收流失额一般包括公开经济的流失额和地下经济的流失额两部分。由于公开经济的流失额与税收征管水平有一定的关系，与实际征收率有一定的重复，而且地下经济流失额占比很高，为简化计算，在此以地下经济税收流失额代表非优惠的税收流失金额。

国外对地下经济税收流失额的测算有很多方法，包括直接的调查法、税收审查法，也包括间接的货币法、现金比率法 MIMIC 模型法（潜变量法）、SEM（结构方程模型）、PLS（偏最小二乘法）等。这些方法中，应用较广的是现金比率法和 MIMIC 模型法（潜变量法），本书选择现金比率法的改进模型来测算中国地下经济的税收流失额。

第四步，估算中国税式支出成本。

根据地下税收流失额以及潜在的税收收入、实际税收收入的数据，估算中国的历年的税式支出成本。需要说明的是，这一计算只是大致估计，由于假设税式支出不会产生连锁反应，公开经济中的税收流失也未明确计算，所以计算结果与实际可能会存在一定的偏差，但仍可以从趋势上反映中国的税式支出成本变动情况。

（二）税式支出成本估算结果

根据以上步骤，首先利用改进后的现金比率模型来计算地下经济税收流失额，改进后的现金比率模型为：

$$Y_u = Y_0 \times \frac{M_1 - K_0 M}{(K_0 + 1) \times M}$$

式中：Y_u 为地下经济的收入额；Y_0 为国内生产总值；K_0 为现金与活期存款比；M_0 为流通中的现金；M_1 为狭义的货币量（M_0+活期存款 D），M_2 为广义的货币量（M_1+定期存款、其他存款）；M 表示准货币（M_2-M_1）。改进后的现金比率模型放宽了现金是唯一交易手段的范围，对 K_0 以现金和活期存款的时间序列方程中的方程系数比来计算，更符合实际情况。

根据历年统计年鉴中现金和活期存款的数据，运用时间趋势估计法，用 Excel 表测算现金 M_0 趋势线和活期存款 D 趋势线（1994 年为第一期，$n=1$）

$$M_0 = 2046.098n - 11582.068$$

$$D = 9864.579n - 72136.743$$

$K_0 = 2046.098/9864.579 \approx 0.2074$，可看作一段时间内，现金与活期存款相对稳定的比率，将历年数据和计算的数据代入模型中，得出如表 3-4 所示结果。

表 3-4　改进后的现金比率法下中国 1994—2015 年地下经济税收流失规模测算表

年份	狭义货币（M_1）/亿元	准货币（M）/亿元	地下经济规模（Y_u）/亿元	国内生产总值（Y_0）/亿元	实际税收征收额（T）/亿元	宏观税率 t/%	地下经济税收流失规模（Y_u）/亿元
1994	20540. 7	26382. 8	23008. 11	48637. 5	5126. 88	10. 54	2425. 29
1995	23987. 1	36763. 4	22611. 14	61339. 9	6038. 04	9. 84	2225. 74
1996	28514. 8	47580. 1	23309. 44	71813. 6	6909. 82	9. 62	2242. 81
1997	34826. 3	56169. 0	27242. 48	79715. 0	8234. 04	10. 33	2813. 97
1998	38953. 7	65544. 9	27300. 49	85195. 5	9262. 80	10. 87	2968. 22
1999	45837. 3	74060. 6	30866. 91	90564. 4	10682. 58	11. 8	3640. 93
2000	53147. 2	61463. 2	54591. 74	100280. 1	12581. 51	12. 55	6849. 28
2001	59871. 6	93016. 9	40057. 6	110836. 1	15301. 38	13. 8	5528. 77
2002	70881. 6	114125. 2	41703. 69	121717. 4	17636. 45	14. 49	6042. 73
2003	84118. 6	137104. 3	46225. 11	137422	20017. 31	14. 57	6733. 29
2004	95969. 7	158137. 2	53545. 89	161840. 2	24165. 68	14. 93	7995. 37
2005	107278. 8	191476. 9	54745. 12	187318. 9	28788. 54	15. 36	8410. 71
2006	126035. 1	219568. 5	66629. 89	219438. 5	34804. 35	15. 86	10567. 93
2007	152560. 1	250882. 1	89680. 87	270232. 3	45621. 97	16. 88	15140. 37
2008	166217. 1	308949. 5	87488. 96	319515. 5	54223. 79	16. 97	14847. 43
2009	220001. 5	386223. 5	104425. 07	348081. 4	59521. 59	17. 1	17856. 59
2010	266621. 5	459230. 3	127659. 48	413030. 3	73210. 79	17. 73	22628. 01
2011	289847. 7	561743. 2	125052. 09	489300. 6	89738. 39	18. 34	22934. 72
2012	308664. 2	665484. 6	114759. 27	540367. 4	100614. 28	18. 62	21367. 72
2013	337291. 1	769223. 9	113922. 83	595244. 4	100530. 7	16. 89	19240. 40
2014	348056. 4	880318. 4	100257. 91	643974	119175. 31	18. 51	18553. 96
2015	400953. 4	991324. 7	111882. 79	685505. 5	124922. 2	18. 22	20388. 81
2016	486557. 2	1063509. 8	172898. 70	746395. 1	130360. 7	17. 47	30205. 40
2017	543790. 1	1146445. 0	203949. 60	832035. 9	144369. 87	17. 35	35385. 26

数据来源：M_1、M、Y_0、T 的数据引自《中国金融年鉴（1995—2018 年）》。

将表 3-4 的结果继续代入税式支出成本估算公式，估算出中国税式支出的成本（表3-5）。

表3-5　1994—2015年中国税式支出成本估算

年份	潜在税收总量 亿元	实征税收总量 亿元	地下经济税收流失额 亿元	税式支出成本 亿元	税式支出占潜在税收入比例 %	国内生产总值 亿元	税式支出占GDP的比例 %	财政支出 亿元	税式支出占财政支出的比例 %
1994	9321.60	5126.88	2425.29	1769.43	18.98	48637.5	3.64	5792.62	30.55
1995	10782.21	6038.04	2225.74	2518.43	23.36	61339.9	4.11	6823.72	36.91
1996	12122.49	6909.82	2242.81	2969.86	24.50	71813.6	4.14	7937.55	37.42
1997	14196.62	8234.04	2813.97	3148.61	22.18	79715.0	3.95	9233.56	34.10
1998	15699.66	9262.80	2968.22	3468.64	22.09	85195.5	4.07	10798.18	32.12
1999	17804.30	10682.58	3640.93	3480.79	19.55	90564.4	3.84	13187.67	26.39
2000	20625.43	12581.51	6849.28	1194.64	5.79	100280.1	1.19	15886.50	7.52
2001	24679.65	15301.38	5528.77	3849.5	15.60	110836.1	3.47	18902.58	20.36
2002	27994.37	17636.45	6042.73	4315.19	15.41	121717.4	3.55	22053.15	19.57
2003	31277.05	20017.31	6733.29	4526.45	14.47	137422	3.29	24649.95	18.36
2004	37177.97	24165.68	7995.37	5016.92	13.49	161840.2	3.10	28486.89	17.61
2005	43603.85	28778.54	8410.71	6414.6	14.71	187318.9	3.42	33930.28	18.91
2006	51946.79	34804.35	10567.93	6574.51	12.66	219438.5	3.00	40422.73	16.26
2007	67091.13	45621.97	15140.37	6328.79	9.43	270232.3	2.34	49781.35	12.71
2008	78585.20	54223.79	14847.43	9513.98	12.11	319515.5	2.98	62592.66	15.20
2009	85030.84	59521.59	17856.59	7652.66	9.00	348081.4	2.20	76299.93	10.03
2010	103113.79	73210.79	22628.01	7274.99	7.06	413030.3	1.76	89874.16	8.09
2011	124636.65	89738.39	22934.72	11963.54	9.60	489300.6	2.45	109247.79	10.95
2012	137827.78	100614.28	21367.72	15845.78	11.50	540367.4	2.93	125952.97	12.58
2013	149365.81	110530.70	19240.40	19594.71	13.12	595244.4	3.29	140212.10	13.98
2014	158900.41	119175.31	18553.96	21171.14	13.32	643974	3.29	151785.56	13.95
2015	164371.32	124922.2	20388.81	19060.31	11.60	685505.5	2.78	175877.77	10.84
2016	169299.61	130360.7	30205.40	8733.51	5.16	746395.1	1.17	187755.21	4.65
2017	185089.58	144369.87	35385.26	5334.45	2.88	832035.9	0.64	203085.49	2.63

数据来源：实征税收总量、国内生产总值、财政支出的数据来源于《中国统计年鉴（1995—2018）》，其余由作者整理计算。

从估算的数据来看，无论趋势还是多少基本与现实情况相符。税式支出成本估算结果进一步显示，中国税式支出成本总体上具有不断增加的规律，但增加率不具有规律性。2008 年税式支出增加迅速，这与冲击经济危机的做法相关。面对经济危机，政府出台了一系列鼓励性政策，在一定程度上缓冲了经济危机的压力。但 2000 年、2007 年、2009 年、2010 年和 2015 年这 5 年中国税式支出成本呈现出减幅，也是与当年政府有意识控制税收优惠有关。2000 年财政部提出，“着力从制度上加强对各项税式支出效果考核及支出成本的控制”。2007 年内外资企业所得税合并，也就意味着外资企业的需要特殊政策和特殊照顾减少了，相对也就降低了税收优惠成本。2009 年 1 月 1 日由生产性增值税向消费性增值税的转型，以及营改增政策的实施，直接减征和免征进口环节增值税的优惠政策失效也影响了税式支出的过度增长。2014 年国发〔2014〕45 号、国发〔2014〕62 号文对深化预算改革、清理税收优惠做了一些规定，对不合理税收优惠的清理导致 2015 年中国税式支出成本有所下降。

2011 年起中国税式支出成本超过 10000 亿元，甚至在 2014 年达到峰值，年均增长率达到 20.58%，从这些数据来看，税式支出的成本不容忽视，税式支出的效果亟待考核，税式支出的管理需要尽快完善和加强。总体上看，中国税式支出占潜在税收总量、国内生产总值的比例与其占财政支出的比例波动较为一致，税式支出占潜在税收总量以及税式支出占财政支出的比例波动明显，税式支出占国内生产者总值的比例波动不大。税式支出成本占三者的比例的均值分别为 14.52%、3.13%、19.30%。与西方国家税式支出占比相比，中国的税式支出比例还不太高，税式支出的成本在可控范围之内。

第三节　政府贷款担保的计量指标

政府贷款担保会带来一定的财政风险，形成政府的或有债务。政府贷款担保计量的本质就是风险损失的计量。由于政府或有债务与政府债务在性质上不同，因此不能用政府债务这个指标来代替或有债务，但也不能把或有债务全部视为政府的成本，而应根据政府的代偿概率来估计这一成本，并对此进行限额管理。

一、政府贷款担保的计量指标

政府贷款担保是政府为支持某个行业的发展，对其贷款提供担保的一项活动。当被担保者发生违约，不能偿还到期债务时，政府依据担保合同承担一定的代偿责任，形成政府的担保支出。因此对于政府贷款担保，政府提供担保贷款的同时也承担了相应风险。政府贷款担保的计量指标主要指政府担保的风险控制指标，包括总量指标（担保发生额、担保余额），风险控制指标（担保企业违约率、担保代偿率、担保损失率）绩效指标（政府担保效率等）（表 3-6）。

表 3-6　政府贷款担保计量指标体系

<table>
<tr><th>一级指标</th><th>二级指标</th><th>三级指标</th><th>指标公式或解释</th></tr>
<tr><td rowspan="4">总量指标</td><td rowspan="2">绝对额指标</td><td>担保发生额</td><td>当年发生的各种担保，按每笔每次累加额</td></tr>
<tr><td>担保余额</td><td>期末在保或未解除担保责任的名义担保额或期初担保余额+本期新增担保额-本期解保额</td></tr>
<tr><td rowspan="2">增长率指标</td><td>担保发生额增长率</td><td>[(当年担保发生额-上年担保发生额)/上年担保发生额]×100%</td></tr>
<tr><td>担保余额增长率</td><td>[(当年末担保余额-上年担保余额)/上年末担保余额]×100%</td></tr>
<tr><td rowspan="3">风险控制指标</td><td>企业信用指标</td><td>担保企业违约率</td><td>(担保企业违约金额/担保发生额)×100%
或（担保企业违约金额/担保余额)×100%</td></tr>
<tr><td>担保业务运营质量指标</td><td>担保代偿率</td><td>(本年度累计担保代偿额/本年度累计解除的担保额)×100%</td></tr>
<tr><td>担保机构风险控制指标</td><td>代偿损失率</td><td>[(代偿额-代偿收回额)/代偿额]×100%</td></tr>
<tr><td>绩效指标</td><td>目标实现程度指标</td><td>政府担保效率</td><td>政府担保产生的预计效益/政府担保预计成本</td></tr>
<tr><td>透明度指标</td><td>政府担保信息的披露指标</td><td>消费者满意度</td><td>通过消费者满意度反映信息披露的程度</td></tr>
</table>

资料来源：参考《担保机构风险控制指标》一文，由作者整理汇总。

（一）总量指标

担保发生额是衡量政府当前发生的担保额多少的指标，指政府当年各类担保逐笔逐次累加后的金额。担保发生额可以按行业分类汇总，也可以按地区分类汇总。计算公式为：

担保发生额=当年发生的各种担保（按每笔每次累加额）

担保余额是指担保机构对外担保余额中扣除已解除担保责任的金额以外的余额或者说担保人担保的贷款的现存的贷款总计。这个指标是一个时点数，指的是期末的存量。计算公式为：

担保余额=期末在保或未解除担保责任的名义担保额

=期初担保余额+本期新增担保额-本期解保额

除担保发生额、担保余额指标外，在政府担保中有时也用担保发生额增长率、担保余额增长率来衡量担保的多少。

（二）风险控制指标

政府担保活动中影响担保风险或导致风险损失的因素。担保资产的质量是影响风险的主要因素。担保资产的质量指标包括担保企业违约率、担保代偿率、担保损失率。

担保企业违约率指担保企业违约金额占担保发生额或担保余额的比率。担保企业违约金额指被担保的企业到期违约，不能还本付息的金额的行为。计算公式为：

担保企业违约率=(担保企业违约金额/担保发生额)×100%

或

担保企业违约率=(担保企业违约金额/担保余额)×100%

担保代偿率是衡量担保业务运营质量最重要的指标，它反映担保机构已解除的担保额中出现代偿支出的比例。代偿率越低说明担保机构经营担保业务的成功率越高。根据计算期限的不同，担保代偿率也可分为累计担保代偿率和年度担保代偿率两项指标。计算公式为：

担保代偿率=(本年度累计担保代偿额/本年度累计解除的担保额)×100%

代偿损失率反映担保机构的整体风险控制能力。代偿损失率高说明担保客户的信用能力弱、担保机构对风险控制能力弱。计算代偿损失率时既可累计计算，以考察担保机构整体的风险控制能力；亦可按期计算，对各期代偿损失率进行比较，以考察担保机构风险控制能力的变化趋势。计算公式为：

代偿损失率=[(代偿额-代偿收回额)/代偿额]×100%

（三）绩效指标

绩效指标是衡量政府担保项目或政府担保活动对政策目标的实现程度，往往用该项活动产生的预计效益与预计成本之比来衡量。预计效益包括经济效益和社会效益，预计成本指政府担保的代偿损失。计算公式为：

政府担保效率＝政府担保产生的预计效益/政府担保预计成本

政府担保预计成本＝政府担保预计代偿损失额

＝政府贷款担保产生的风险损失×政府代偿损失率

对效益的衡量有一定的困难，尤其是社会效益不易衡量，于是政府担保的绩效指标有时以预计成本或预计政府承担的代偿损失的大小来表示。这一指标也是鉴别政府贷款担保支出与直接支出优劣的一个标准，是政府贷款担保计量的主要方面。

二、政府贷款担保预计成本计量的主要步骤

（一）政府贷款担保总金额的估算

根据上文，政府贷款担保的总金额等于当年政府各类担保贷款的金额之和。参照担保业务实施细则，按照担保业务按时、足额偿还以及产生风险损失的可能性，将政府担保项目划分为5个类别：正常类、关注类、问题类、危险类和危机类，后三类为不良担保项目（表3-7）。

表3-7　政府贷款担保的类别

担保的类型	分类标准
正常类	债务人能够履行合同。风险损失的概率为0
关注类	债务人有能力履行合同，但是由于某些不利因素存在有可能影响其履行。风险损失的概率不超过5%
问题类	借款人的还款能力出现明显问题。风险损失的概率为30%~50%
危险类	债务人出现违约，导致部分债务不能偿还，不能偿还的金额不确定。风险损失的概率为50%~75%
危机类	借款人已无偿还本息的可能。风险损失的概率为75%~100%

资料来源：参考王雍君《公共预算管理》。

政府贷款担保的总金额可以按行业担保额加总计算，也可以按地区担保额加总额。在按行业计算时，可以先按功能分类，把不同功能的担保额分别列示。

(二) 预计风险损失的估算

风险损失的大小取决于风险发生的频率和严重性。一般而言，频率越高、严重程度越大，风险损失往往越大，越需要对该项活动进行关注（表3-8）。理论上在量化风险价值时，可首先对频率和严重性赋值，其次将来自某一事项的频率和严重性相乘，得到其风险损失价值（表3-9）。

表3-8 频率的分类与价值

价值	频率分类
1	经常的（损失事件经常或持续发生）
2	可能的（损失事件至少在年度基础上发生）
3	偶尔的（损失事件在组织的寿命期内很可能发生，如25年一次）
4	遥远的（损失事件在组织平均寿命期内不可能发生）
5	极端的（损失发生的可能性不能与零相区分）

资料来源：参考王雍君《公共预算管理》。

表3-9 严重性的分类与价值

价值	严重性分类
1	灾难性的（一个单独的事项可威胁到组织的生存）
2	危机性的（单独的损失可对组织的全面预算产生严重影响）
3	严重性的（单独损失事件对组织的预算产生较温和的影响）
4	边际性的（个人的损失将不会对组织的预算产生重要影响）
5	轻微性的（很可能不会导致伤害或可计量的财产损失）

资料来源：参考王雍君《公共预算管理》。

对于政府贷款担保风险损失的核算，可参照企业风险损失的计算公式。企业风险损失的计算公式为：

$$L=P\times R$$

L代表风险损失，P代表某项风险发生的概率或频率，R代表某项风险的发生的后果或严重性。

政府贷款担保中可考虑根据政府贷款担保的类别，加入α、β两个系数。设定政府贷款担保的风险核算公式为：$L=(\alpha P)\times(\beta R)$，$\alpha$、$\beta$分别为概率系数和风险系数。$\alpha$、$\beta$ 的取值取决于担保的类型，可采用专家打分法由相关领域的专家根据以往经验赋权计算。

学术界不少学者（郭敏华等，2012；马蔡琛等，2014；任艳，2015；王维佳，2016）认为对政府贷款担保的风险损失可以以风险价值（VaR）来表示。利用 VaR 模型对被担保贷款价值的现值进行计算，公式为：

$$V = \sum_{i=1}^{n} \frac{D \times r}{(1 + r_i + s_i)^i} + \frac{D + D \times r}{(1 + r_n + s_n)^n}$$

式中：V 表示贷款的现值；r_i 为远期零息票利率；s_i 为年度信用风险价差；n 为贷款年限；D 为银行贷款额；r 为贷款利率。

假设信用担保贷款的价值服从正态分布，即 $V \sim (\mu, n)$。根据假设，c 为政府部门对损失的容忍度，则由 $P\left(\frac{v-\mu}{\sigma} \leqslant Z_c\right) = 1-c$ 可得出该笔贷款的最大损失为 $VaR = Z_c\sigma$，其中 σ 为贷款价值的标准差，Z_c 成为波动度乘数。

（三）政府承担的风险损失核算

政府承担的风险损失表示贷款担保中政府的代偿比率，即由于担保政府预计承担的风险损失。这一风险损失可以由政府承诺的担保比率与预计风险损失的乘积来表示。计算公式为：

政府承担的风险损失 = 贷款担保中政府的代偿损失率×预计风险损失

（四）政府风险损失限额的界定

政府能够承担的风险限额是指政府或有债务的最高限额。国际上通常以《马斯特里赫特条约》规定的负债率 60%作为政府债务风险控制标准参考值。债务率等于政府债务余额占 GDP 的比例，按照中国预算法的规定，中国政府的债务范围是有界定的，它包括中央财政国债、地方政府债券以及经清理甄别认定的截至 2014 年末的存量政府债务。按照国际惯例，政府债务总额中还应纳入地方政府隐形债务，如各年度负有担保责任的债务和可能承担一定救助责任的债务。

中国新预算法明确指出，对地方政府债务余额实行限额管理。2016 年 1 月 11 日，财政部下发的《关于对地方政府债务实行限额管理的实施意见》首次对地方债限额做出系统安排。意见指出，在评估地方债务风险中，“或有债务代偿率”被列入其中。

第四节　中国央行准财政活动成本的估算

中国金融系统的准财政活动包括央行的准财政活动和政策性银行（如国家开发银行）的准财政活动。在整个金融系统中，央行的准财政活动占主体（约为金融系统准财政活动的 80%），因此本部分以中国央行的准财政活动近似代替整个金融系统的准财政活动。

央行从事准财政活动会带来一定的利润损失，国际上多以央行的损失来代表准财政活动的成本。这部分损失之所以能代表准财政活动的成本，是因为很多国家对该损失采用“财政补金融”的做法，最终由政府财政承担这部分成本。

一、中国央行准财政活动成本的估算依据

在央行独立性比较强的国家，央行的活动很少产生损失，但是很多国家央行与财政关系交叉导致央行很多活动出现损失，央行代替政府从事的这部分活动经常是准财政活动，这部分活动的损失就是央行从事准财政活动的成本。因此，一般用央行的准财政活动损失来表示央行的准财政活动成本。

中国央行的准财政活动主要表现在两个领域：一类是与外汇储备、外汇管理有关的活动，一类是与发挥金融稳定职能有关的活动。央行在管理外汇储备时会产生成本（比如利息成本），也会产生收益（如汇兑收益），成本与收益之间的差额即为这类活动的成本。央行发挥金融稳定职能的成本主要是央行对一些问题金融机构的救助支出、支持金融改革的支出等。第一类支出的成本可以用央行管理外汇储备净损失来衡量；第二类活动的成本可以用央行对各类金融机构的再贷款来衡量。下面分别就这两部分的估算依据进行说明。

（一）央行管理外汇储备净损失的估算依据

随着外贸业务以及国外投资业务的不断增加，中国外汇储备量不断增长。与此同时，人民币不断升值的形式也吸引了大量外汇流入中国市场。根据中国的外汇管理办法，国内企业不能直接使用外汇，除余下少量外，大部分外

汇都需要到商业银行兑换，而商业银行需要到央行兑换。于是，央行就储备了大量外汇，再加上央行为保持人民币汇率的稳定性而专门收购的外汇，中国央行的外汇储备量规模巨大，截至 2019 年 2 月，中国央行的外汇储备量达到 30901 亿美元。

外汇储备的增加会带来一系列连锁反应，央行收购外汇的同时意味着在市场中投放了大量基础货币，这些基础货币的增加会以乘数效应的方式导致货币供应量急剧增加（王永中，2012a）。为了维护人民币币值的稳定，央行每年要进行大量的对冲操作，包括：发行央票，进行正回购，变动存款准备金率等（王永中，2012b）。这些操作会导致央行产生票据、正回购以及法定准备金的利息支出。除此以外，管理外汇储备也会产生机会成本，主要表现在外汇资产贬值或人民币升值导致外汇储备缩水。

总之，央行管理外汇储备净损失的估算可以从 4 个方面核算：发行央行票据的利息支出、正回购的利息支出、法定存款准备金的利息支出、人民币升值的汇兑损益（以人民币兑美元的汇率变动为主）。

（二）中国人民银行再贷款估算基础

央行的再贷款是央行为发挥金融稳定职能而从事的准财政活动，这类活动在 20 世纪 90 年代后比较明显，这类活动也是央行的准财政活动。在很多发达国家也有类似活动，比如美国在金融危机时期对问题金融机构的补助，但美国这类活动是经过立法批准的。中国的这类活动仅需经过行政审批，由这类活动产生的成本也属于央行准财政活动的成本，这类成本一般用央行对金融机构再贷款的数据来衡量。

央行再贷款的成本可以依据中央银行资产负债表中的“对其他存款性公司债权”和“对其他金融性公司债权”估算，即：央行再贷款规模＝对其他存款性公司债权+对其他金融性公司债权。

二、央行准财政活动成本的估算

（一）外汇储备净损失的估算

外汇储备净损失包括央行票据的利息支出、央行正回购操作支付的利息、存款准备金利息和外汇储备资产的汇兑损益 4 部分（表 3-10）。

央行票据的利息支出可根据央行每年发行票据的金额、期限和利率计算，央行正回购交易利息根据每年正回购操作的金额、期限和利率计算。根据中国货币网公布的数据，中国央行票据从2002年开始发行，中国央行的正回购交易从2000年开始，正回购按照期限有7个品种，主要以短操作为主，利息相对也较少。

中国的法定存款准备金制度始于1985年，每年央行支付给金融机构的法定存款准备金利息随着法定准备金率的变动而不同。由于每年年内存款准备金的变动不一，可考虑采用平均存款准备金余额乘以平均存款准备金率来测算。

外汇储备的汇兑损益应该以外汇储备结构中每种外汇的汇率变动来加总衡量，因为外汇储备以美元为主，为简单计算，可以反向操作，通过分析人民币兑美元的汇率年度波动情况来衡量全年汇率变动的成本。

表3-10　1994—2015年人民银行管理外汇储备损失

单位：亿元人民币

年份	管理外汇储备损失	人民币升值带来的损失	正回购利息	央行票据利息支出	存款准备金利息
1994	187	24			163
1995	283	66			217
1996	524	14			510
1997	780	19			760
1998	418	2			416
1999	423	-1			424
2000	611	2	4		605
2001	679	2	18		658
2002	708	-1	17	14	678
2003	861	2	28	48	783
2004	1186	1	5	167	1014
2005	2888	1258	12	393	1225
2006	4009	2141	10	599	1259

续表

年份	管理外汇储备损失	人民币升值带来的损失	正回购利息	央行票据利息支出	存款准备金利息
2007	8197	5375	21	1054	1746
2008	11278	7183	76	1578	2441
2009	4509	125	55	1355	2975
2010	9863	4930	63	1152	3718
2011	14811	9163	76	700	4872
2012	6572	490	41	461	5580
2013	7315	968	17	310	6020
2014	6743	4	56	48	6635
2015	6909	8	52	48	6800

注：央行票据利息支出、正回购利息根据中国货币网央行历年发行票据的金额、期限和利率等信息整理计算；存款准备金利息根据中国人民银行披露的金融机构资产负债表整理计算；人民币升值带来的损失由万德资讯根据人民银行披露的信息整理而得；管理外汇储备损失由后面 4 项加总计算。

（二）央行准财政活动规模及趋势分析

央行再贷款的准财政成本是根据 1994 年以来中央银行资产负债表中“对存款性公司再贷款和再贴现”的余额和“对其他金融性公司再贷款和再贴现”余额加总而得。将央行 1994 年以来各项准财政活动成本相加可以得出各个时期央行准财政活动成本，以及变化的趋势（表 3-11）。

表 3-11　中国人民银行 1994—2015 年准财政活动规模估算表

年份	管理外汇储备损失 亿元人民币	再贷款 亿元人民币	准财政活动成本 亿元人民币	国内生产总值 亿元人民币	央行准财政活动 占 GDP 比例/%
1993	0				
1994	188	0	188	48637.5	0.39
1995	283	0	283	61339.9	0.46
1996	524	0	524	71813.6	0.73
1997	780	16430	17210	79715.0	21.59
1998	418	16021	16439	85195.5	19.30

续表

年份	管理外汇储备损失 亿元人民币	再贷款 亿元人民币	准财政活动成本 亿元人民币	国内生产总值 亿元人民币	央行准财政活动占 GDP 比例/%
1999	423	19207	19630	90564. 4	21. 68
2000	611	22120	22731	100280. 1	22. 67
2001	679	19859	20538	110836. 1	18. 53
2002	708	19528	20235	121717. 4	16. 62
2003	861	19239	20100	137422	14. 63
2004	1186	19289	20475	161840. 2	12. 65
2005	2888	25918	28807	187318. 9	15. 38
2006	4009	28466	32476	219438. 5	14. 80
2007	8197	20835	29032	270232. 3	10. 74
2008	11278	20285	31563	319515. 5	9. 88
2009	4509	18692	23201	348081. 4	6. 67
2010	9863	20812	30674	413030. 3	7. 43
2011	14811	20892	35703	489300. 6	7. 30
2012	6572	26740	33312	540367. 4	6. 16
2013	7315	22055	29370	595244. 4	4. 93
2014	6743	32834	39577	643974	6. 15
2015	6909	33283	40192	685505. 5	5. 86

注：再贷款根据中国人民银行披露的金融机构资产负债表整理计算；GDP 来自历年统计年鉴数据；其余由笔者整理计算。

以上分析发现，央行准财政活动的成本自 1994 年后基本呈不断增加的趋势，而且这一成本非常巨大，在 2015 年达到 4 万亿美元。巨大的准财政活动成本导致央行损失增加，利润下降，这也正是当前中国央行资产规模虽然世界第一，但利润却不高的重要原因之一。不仅如此，央行每年大量的准财政活动在一定程度上还会影响到货币政策的有效性和财政状况、财政赤字的真实性，抵消财政政策的效果。但从央行准财政活动成本占 GDP 的比例来看，这一比例出现了先上升后下降的趋势，说明中国央行的准财政活动成本基本在可控范围内。

三、央行准财政活动的影响分析

央行由于从事准财政活动承担了大量准财政成本，这不仅影响了央行的利润和整体实力，不利于货币政策的制定和发挥；也掩盖了政府的整体债务和财政风险，导致财政政策的失真。

（一）央行准财政活动对央行利润的影响

从央行准财政活动规模占央行总资产的比例来看，央行准财政活动规模巨大，在1999—2000年两年间超过央行总资产的一半以上，可见央行经营资产中准财政规模占了大多数。尽管2001年以后这一比例有所下降，但仍是央行经营利润下降的一个主要原因。并且从目前来看，央行的“准财政职能”并没有取消的迹象，央行的大量再贷款已成坏账，并长期挂账。政府财政对央行的准财政规模不仅没有任何处理机制，对央行损失的补充机制也不明确。长此以往，势必会影响央行的资本实力以及中国金融的整体稳定。因此，随着中央银行加强财务实力的改革，厘清央行的准财政活动，并估算其规模，对央行独立性的增强，财务实力的提升具有重要意义。

（二）央行准财政活动对政府财政赤字的影响

根据IMF最新发布的中国经济评估报告显示，中国地方政府债务在2015年末占GDP的45%，如果不将各种隐性债务计算在内，中国政府的债务水平将被严重低估，财政风险也将被严重低估。大量准财政活动的存在，一方面会干扰政府公共资源规模的估算，另一方面也难以按照良治的原则和程序处理准财政活动，背离国家治理现代化的理念。可见央行准财政规模在会影响央行利润的同时，更会影响财政的客观规模和财政赤字、宏观税负等水平，甚至造成设计不佳的财政政策。因此，分离真正的财政活动（包括准财政活动）和金融活动，将央行的准财政活动纳入预算，不仅可以增强政府财政的透明度，还可以减少由于准财政活动导致的寻租、管理不善等隐性问题。对央行准财政活动的治理已刻不容缓。

（三）央行准财政活动对GDP以及通货膨胀的影响

从央行准财政活动规模占GDP的比例来看，1999—2015年这一比例基本呈下降的趋势，一方面说明中国经济发展态势良好，GDP的增长率明显高于央行准财政成本的增长率。但是这一比例仍不可忽视，因为准财政活动规模的增加往往意味着央行货币发行量的增加，与此同时通货膨胀率也会上升。

本章小结

构建准财政活动计量体系的关键是设计计量指标。准财政活动计量指标的设计要满足准财政活动管理的目标、内容以及相关性、可计量性、可解释性等技术标准，本章尝试从总量、适当性、绩效、风险和透明度5个方面设计准财政活动的计量指标。接着设计了税式支出的具体计量指标并对税式支出成本进行了估算、政府贷款担保的计量指标及预计财政成本的计算步骤，对央行准财政活动成本进行了估算。无论是计量指标的设计还是成本估算都可以为准财政活动报告的构建以及良好管理提供信息。

第四章　准财政活动报告体系的设计

计量的结果以报告的形式呈现，报告是计量信息的载体。报告是将计量的信息进行结构化集成，形成标准化的报表，并通过一定的模式将信息披露给使用者的过程。准财政活动的报告是通过对准财政活动计量信息的整合集成，形成准财政活动预算报告、决算报告以及绩效报告和审计报告，并编制准财政活动相关报表的活动。准财政活动报告制度以准财政活动报告为主，还包括报告编制者、报告的使用者、报告的目的等内容。常态化、制式的准财政活动报告有利于强化政府的受托责任，促进财政透明，同时是加强预见性和公民参与的一个关键性措施。本章首先介绍了准财政活动报告机制的构成，接着以税式支出和政府担保为主设计了准财政活动报告的制式，最后分析了准财政活动报告的披露机制。

第一节　准财政活动报告体系的构成

准财政活动报告机制以准财政活动报告为主，还包括报告编制者、报告的使用者、报告的目的、原则等内容。本节主要介绍准财政活动报告机制的构成部分。

一、准财政活动报告的含义与特征

准财政活动报告是准财政活动报告机制的主要构成部分。基于妥善管理准财政活动、履行受托责任以及制定有效决策的目的，每个国家都需要提供某种形式的准财政活动报告并建立准财政活动报告机制。准财政活动报告机制指用以规范准财政活动报告准备、编制、披露和审计事宜的一整套制度安排和相关规定。准财政活动报告是以准财政活动报表为核心，主要根据准财政活动预算、决算数据编制，旨在反映准财政活动预算和预算执行情况的信息系统。政府的准财政活动报告需定期编制并且公开披露。准财政活动报告的特征如下：

（一）作为信息系统

正如政府需要向利益相关者披露政府日常收支活动的信息一样，政府从事准财政活动也需要向利益相关者报告所需要的信息。准财政活动报告帮助使用者达到各种目的，包括评估政府活动的范围和结构、评估受托责任、做好决策以及其他目的。

（二）以预算报告为基础

准财政活动报告应对准财政活动预算过程中的重要信息进行反映，包括预算编制信息、预算执行信息、绩效信息以及预算审计信息等。因此，完整的报告内容有预算报告、预算执行报告、绩效报告、审计报告等，其中最基本的报告是预算报告。

（三）核心是各类准财政活动报表

准财政活动报告由各类准财政活动报表和相关的文字说明材料共同构成。各类准财政活动报表主要提供相关活动的基础数据信息，包括预算年度上上财年的实际数、上财年的实际数、预算年度的估计数以及下年甚至下下年的预估数等。文字说明是围绕报表所做的书面陈述，目的在于帮助报表使用者更好地理解报表以及提供一些表外附注信息。

二、准财政活动报告的作用

当专制国家走向立法机关占主要地位的民主国家时，对政府的受托责任、决策的透明度以及法治的要求也随之加强，这就需要有良好的报告系统来说明政府是如何满足这些要求的（普雷姆詹德，1996）。一般来说，准财政活动报告的作用主要体现在以下三个方面：

（一）实现准财政活动的妥善管理

准财政活动的妥善管理需要良好的信息基础。报告是计量信息的载体。对准财政活动充分计量的信息需要以某种形式报告和披露给管理者，管理者据此评估政府的活动。可见，准财政活动报告为评估“准财政活动做的怎样”以及合理控制准财政活动支出规模提供了一个适当的手段，是准财政活动管理的基础。

(二) 履行政府部门的受托责任

受托责任是公共管理的重要追求。受托责任的产生基于委托代理关系，由于委托方和受托方拥有的信息不均衡，委托方需要受托方提供其行为合理性、适当性等信息，受托方需要及时反馈实际执行结果的信息，因此取得信息就成为履行受托责任的基础，要求对信息及时收集、客观评估和科学分析。

准财政活动报告提供的受托责任信息可用于评价准财政活动资源的性质如何、资源的取得是否合法、资源使用的效果是否明显、资源使用成本是否合理、准财政活动项目选择是否合适以及项目执行程序是否合规。

(三) 帮助使用者更好地制定决策

准财政活动的决策过程也就是这部分资源分配的决策过程。准财政活动报告应提供良好的信息，来帮助使用者制定恰当的决策。准财政活动报告提供以下对决策制定有用的信息：①表明准财政活动资源的获得和利用是否根据法定预算方案进行；②表明资源的获得和使用是否根据法律和合同规定进行；③提供关于资源及其分配和资源使用方面的信息；④提供对评估政府筹资及偿还其负债和实现其承诺的能力有用的信息；⑤提供有关政府或部门财务状况及其变动方面的信息；⑥提供根据服务成本、效益和成绩评估的政府或部门业绩方面的全部信息。

三、准财政活动报告的编制者和使用者

在中国现行的财政体制下，财政部门的预算机构负责预算的编制和执行，准财政活动的主管部门全面掌握准财政活动的决策情况，准财政活动的实施部门负责政策的执行。准财政活动报告可在具体实施部门的配合下，由主管部门和财政部门预算机构共同编制和管理。如税式支出报告可由税政机构和财政部门的预算机构共同编制；政府担保报告可由地方政府的担保机构和财政部门的预算机构共同编制；央行准财政活动报告可由中央银行的相关机构和财政部门的预算机构共同编制。

准财政活动报告的使用者虽然不如政府财务报告的使用者那么广泛，但

由于准财政活动报告的内容不仅与准财政活动的参与者息息相关，也与政府的受托责任、纳税人的利益紧密联系，因此准财政活动报告也拥有广泛的使用人群。

准财政活动报告必须考虑不同类别信息使用者对信息的需求。一般而言，准财政活动相关信息的使用者主要包括三类：第一类是社会公众，包括纳税人，准财政活动所使用的经济资源同样来自社会公众（包括纳税人、选民、投票人、特殊利益集团等），纳税人提供资源给政府，因此对政府如何运用本年度和以前年度征收资金的信息感兴趣，也对政府是否妥善管理公共产品和服务的信息感兴趣。第二类是立法机构。立法机构作为公众的代表，必须严格监督和评价政府是否履行了公众的义务，其对资源的取得和使用是否符合预算、法律规章、行政法令或其他约定，因此，必须向立法机构提交反映其受托责任履行情况的报告，国家审计机关还应对政府部门执行预算的情况进行审计监督。第三类是准财政活动的执行部门和管理部门（税务机关、财政机关、金融部门等）。准财政活动报告是执行部门和管理部门实施具体工作的重要依据，同时也是执行部门和管理部门的约束机制。通过准财政活动的部门报告不仅可以揭示过去实施准财政活动的成本、效益、目标实现程度等信息，还可以对未来3~4年的年度成本、总成本以及其他重要信息进行估计，为可持续性规划提供依据。

第二节　制式准财政活动报告的设计

按照使用者不同，政府的报告分一般目的报告和特定目的报告。一般目的报告是为外部使用者编制的，重心在于满足外部使用者的信息需求。特定目的报告为内部使用者，比如政府政策制定者和各级政府和中央政府的部长（或同等职位人员）使用。内部报告又称“内部管理报告”，通常包括比较详细的信息。政府的准财政活动报告属于特定目的报告，准财政活动报告应反映准财政活动的详细信息，但是由于各类准财政活动的信息侧重点不同，设计完整的准财政活动报告并非易事。本节以税式支出和政府担保为切入点，主要设计了税式支出报告和政府担保报告，并对央行的准财政活动报告进行了简要说明。

一、税式支出报告的设计

税式支出报告是税式支出预算的直接产物，是税式支出计量的主要形式和载体，税式支出报告制式的设定是税式支出管理改革的基础。根据财政透明度标准和守则的要求，应将有关中央政府主要税收支出的声明作为预算文件的一部分。这种声明应说明每一笔款项的公共政策目的、期限和预算的受益人。经合组织最佳做法也提议公布税式支出的成本。西方很多国家已经建立了完善的税式支出报告制度，加拿大、美国、澳大利亚等国公布税式支出报告已成为每年政府的常态化做法，而且报告格式固定。根据中国当前的问题，参考国外的做法，结合中国的现实，建议中国的税式支出报告从以下四个方面设计：

（一）基本信息

税式支出报告的基本信息包括税式支出的定义（基准税式的界定）、目的（用途）、立法要求、预算要求、周期性、范围（主要税种）、评估方法等内容。

1. 税式支出的定义（基准税式的界定）

中国税式支出的定义：税式支出是为了实现一定的政策目标，由政府通过规定一些偏离基准税制的条款实施的一项特殊支出，这项支出与直接支出实质一样，只是表现形式不同，因此应同样或相似地进行预算管控。从本质上来看，两者都是为了履行国家的财政职能、运用政府财政资金进行的支出。相对于财政支出，税式支出作用范围更广、受益人更自由，作用时滞也更短，但由于未纳入预算安排导致其成本和效果都无法准确衡量，在税收优惠管理中出现了大量问题。于是，税式支出作为中国准财政活动的一项主要内容亟需纳入预算或至少向预算看齐，遵从预算管理的标准，只有这样税式支出才能达到预期效果。

2. 税式支出报告的目的（用途）

中国税式支出报告的目的包括：为受托责任履行提供信息；为便于人大审查批准提供信息；助推财政透明度的提高；提供预见性信息；有助于公民参与和反馈；为预算申报提供参考；在预算执行中实施监测和追踪信息；提

供评估、绩效方面的信息。

3. 税式支出范围（主要税种）

中国的税式支出应涵盖所有的税种，但在税式支出制度建立初期应以主体税种为主。中国现行的税收体系中，一共有 18 个税种，其中 16 个税种包含了税式支出的内容，税式支出项目条款繁多，2017 年统计在册的税式支出超过 400 项。从主体税种来看，中国是以企业所得税和增值税为主体的双主体税收体系，税式支出项目在这两个税种中占比最多。2017 年全国增值税收入 56378.2 亿元，占全部税收收入的 39%，税式支出项目 150 多项；全国企业所得税税收收入 32117.3 亿元，占全部税收收入的 22.3%。因此，在税式支出预算、评估以及绩效、审计报告中应主要加强对这两个税种的分析。

4. 评估方法

国际上通行的三种税式支出评估方法各有利弊，各个国家也是根据国情有所选择，但几乎所有国家采用的都是收入放弃法。中国现阶段也适宜采用收入放弃法，一是因为中国税式支出预算制度设立初期这种方法容易解释，操作起来也比较方便，有利于尽快着手税式支出的估计；二是有利于与国际上其他国家统一口径，进行比较。

5. 编制周期与估算期限

与中国一般性财政预算报告的周期一致，税式支出报告的编制周期也应一年一编。从编制时间上来看，最好上一年的下半年开始编制，且早于一般性财政预算的编制时间。一年一编的周期也与中国的财政年度吻合。

从税式支出的估算期限来看，不同国家的估算期限各有不同。德国估算前两年、当前年度及未来 1 年的税式支出；美国财政部估算前 1 年、当前年度及向后 5 年的税式支出，税收联席委员会估算当前年度及未来 4 年的税式支出；英国仅估算前 1 年度及当前年度的支出；加拿大估算前 5 年、当前年度和未来 2 年的税式支出。为与中国的中期规划相匹配，建议中国的估算周期最好为 3~5 年，即前 2 年（前 1 年）、当前年度和未来 2 年（未来 1 年）的税式支出。

（二）税式支出表

税式支出表是税式支出报告的核心内容。税式支出表的编列形式主要取决于税式支出项目的分类方式。国际上比较规范的税式支出表多是按预算功能分类编制的，每一功能下面再按税种和税收优惠项目或不同的税式支出形式进行细分（表4-1）。

表4-1　国际上按功能进行基本分类的税式支出表（表式）

预算功能	××××年		××××年	
	个人	公司	个人	公司
一、教育、培训服务				
A. 所得税				
教育				
培训服务				
B. 流转税				
……				
……				
二、国防				
A. 所得税				
……				
B. 流转税				
……				
三、社会保障				
四、交通				
五、能源				
……				

注：资料来源为《中国税式支出制度构建研究》，由作者整理。

完全参照国外的做法来设计中国的税式支出表有一定的难度，主要是因为中国的税收收入是以税种或行业分类的，预算功能方面的数据不好取的。中国的税式支出表宜以税种为基本的分类方式，再按支出项目进行划分。这样既可以与当前的税收收入分类和税收优惠政策的规定形式一致，也有利于向预算功能分类过渡，逐渐与国际接轨。

根据上面的分析设计中国税式支出表的基本形式。首先编制各个税种的税式支出表，尤其是主体税种的税式支出表，如增值税税式支出表（表4-2）、企业所得税税式支出表（表4-3）。将各个税种的税式支出表编制好之后，汇总到税式支出的总预算表（表4-4）中。

表 4-2　增值税税式支出表

预算功能及税式支出项目	××××年 成本 （实际数）	××××年 成本 （实际数）	编制当年 成本 （估计数）	××××年 成本 （预计数）	××××年 成本 （预计数）
一、资源综合利用产品及劳务					
A. 共、伴生矿产资源					
B. 废渣、废水（液）、废气					
C. 再生资源					
D. 农林剩余物及其他					
E. 资源综合利用劳务					
……					
二、黄金（白银、铂金、钻石）生产、销售（配售）					
……					
三、农业产品					
……					
四、农业生产资料					
……					
五、饲料产品					
……					
六、电力产品					
……					
七、医疗卫生服务					
……					
八、文化宣传					
九、促进残疾人就业					
十、修理修配					
十一、国产支线飞机					
十二、销售使用过的物品、固定资产及旧货					
十三、金融资产管理					
十四、其他增值税税式支出项目					

注：资料来源为《中华人民共和国增值税暂行条例》相关内容，由作者整理。

表 4-3　企业所得税税式支出表

预算功能及税式支出项目	××××年 成本 （实际数）	××××年 成本 （实际数）	编制的当年 成本 （估计数）	××××年 成本 （预计数）	××××年 成本 （预计数）
一、农林牧渔类					
A. 农业生产经营					
B. 花卉种植					
C. 水产养殖					
二、支持基础设施					
三、科学技术类					
A. 技术转让					
B. 科技发展					
C. 外包服务					
D. 高新技术					
E. 创业投资					
……					
四、公益事业类					
伤残就业					
……					
五、支持文化教育卫生					
六、节能环保					
七、支持工商金融					
A. 金融市场					
B. 资本市场					
八、支持区域经济发展					
九、其他企业所得税税式支出					

注：资料来源为《中华人民共和国企业所得税法》相关内容，由作者整理。

表 4-4　中国的税式支出表

税种及税式支出项目	××××年 成本 （实际数）	××××年 成本 （实际数）	编制的当年 成本 （估计数）	××××年 成本 （预计数）	××××年 成本 （预计数）
一、增值税					
A. 资源综合利用产品及劳务					
1. 共、伴生矿产资源					
2. 废渣、废水（液）、废气					
……					
……					
二、企业所得税					
A. 农林牧渔类					
1. 农业生产经营					
2. 花卉种植					
3. 水产养殖					
……					
三、消费税					
……					
……					

注：资料来源为《中国税式支出制度构建研究》，由作者整理。

（三）评估和审计

税式支出的评估既包括绩效评估也包括执行中的合规性评估。通过对税式支出的适当性和绩效评价编制评估报告。适当性评价包括资源取得适当性、资源分配适当性、资源使用适当性评价等，绩效评价包括成本有效性评价、成本——效益评价、效果评价等。这些都应包含在评估报告中，进而置于税式支出报告中。

税式支出的审计包括对税式支出计量信息可靠性、可信性的审计，也包括对税式支出报告的审计以及审查税式支出部门的财务诚实性。税式支出的审计报告应该包括以下内容：报告的内容提要、报告编写的背景和意义、审计的范围、标准、方法等信息，以及审计的成果、结论、建议以及政府的回应。同样，审计报告编制完成后置于税式支出报告中。

（四）说明分析材料

税式支出的说明分析材料为第四部分内容，这部分依据税式支出的目的又分为不同的具体内容，主要有三类：一是对税式支出表编制背景或编制依据的描述；二是对税式支出评估和审计以及评估、审计结论的分析说明；三是对税式支出政策的选择以及管理控制要求和相应建议。

二、政府贷款担保报告的设计

政府贷款担保是政府或有负债[1]的主要形式，对于政府贷款担保的信息，有的国家在或有负债报告中反映，如加拿大、澳大利亚等；有的国家在财政风险报告中声明，如希腊、新西兰等；也有国家政府财务报表中明确包含贷款和担保负债净值，如美国等。

IMF 财政透明度守则中要求在预算文件中报告或有债务，至少应说明造成中央政府或有负债的每一款项的公开政策目的、期限和预算受益人，并尽量量化。OECD 最佳做法准则要求在年度预算、对立法机构的年中报告和决算账户中披露或有负债。这些或有负债应按主要类别进行分类，并应披露有关过去要求政府实践或有负债的信息。国际会计师联合会的公共部门委员会认为应根据未来支出发生可能性的大小确定或有负债，但是在实际支出可能性极小而可能面临风险的数量很大的情况下，最好报告或有负债。低于国家规定的最低起始点的担保无需单独披露，但应包括在“其他可量化的或有负债”合计中。

根据或有负债报告的国际标准以及国外各国的实践，对于政府贷款担保报告主要包括以下内容：

（一）政府贷款担保的详细信息

政府贷款担保的详细信息包括担保的目的、担保的类型、提供担保的政府机构、贷款提供者、贷款的面值、期限等；还包括或有负债的风险概率、风险严重性、风险损失、量化方法等信息。

---

[1] 准确地说，国际会计师联合会的公共部门委员会将或有负债定义为以下两项内容之一：“①来自过去事件的可能负债，其存在只能由不完全受企业控制的一项或多项不确定的未来事件的发生或不发生确定；②来自过去事件的当前债务，但是它不被确定为负债，因为：ⓐ不大可能需要体现经济利益的资源外流来结清该债务，ⓑ该债务的数量不能足够可靠地得到衡量。”

政府贷款担保一般是公益性的，为了支持某个产业或某个区域的发展，以政府信用背书提供贷款担保。根据借款人的违约概率，政府贷款担保可以分为5个类型：正常类、关注类、问题类、危险类和危机类。提供担保的政府机构应说明某项担保是由中央政府提供的还是由某个地方政府提供的。被担保者即借款人，需要就其贷款的目的、期限、面值、偿还方式、风险控制等信息作出详细汇报。政府贷款担保报告中还要就担保的预计成本进行核算。

（二）政府贷款担保表的设计

政府贷款担保表是政府贷款担保报告的核心内容。美国政府贷款担保表按预算功能及政府贷款项目分类，对当年担保贷款的面值、贷款净值、预计负债及政府补助金额进行报告。中国政府贷款担保报告在设立的初期，政府贷款担保根据担保主体不同尝试先按预算功能分类，再将各担保主体的担保总额汇总（表4-5）。政府贷款的担保主体既包括中央政府也包括地方政府。

表4-5　××××年12月30日中央政府贷款担保

预算功能及贷款担保项目	期末在保		本年累计担保		本年代偿		
	项目数（项）	金额/万元	项目数（项）	金额/万元	代偿笔数	代偿总额/万元	代偿损失/万元
一、教育担保							
国家助学贷款							
……							
二、农业担保							
扶贫信贷担保							
……							
三、基础设施担保							
电力							
通信							
铁路							
……							

注：由作者根据上文政府贷款担保的指标进行整理。

（三）风险评估报告和审计报告

或有债务是构成财政风险的主要来源，政府贷款担保是或有债务的主要表现形式，因此对政府贷款担保进行风险评估并建立风险预警非常重要。很多国家风险报告书中的一项重要内容就是担保风险评估，包括事前评估、事中评估和事后评估。

事前评估包括评估该担保符合政府战略优先次序的程度，并单独评估每个项目的风险，将当前的风险汇总，统一测算潜在的财政成本，制定政府防范风险的计划。事中评估主要是按法定程序对担保进行预算、核算和披露。任何一项政府责任只有经过规定的评估、预算、核算并按程序披露，才是合法有效的。事中评估还包括对项目实施中风险因素以及代理人业绩的评估。事后评估主要是比较政府担保的估计成本与实际成本的差距，并对失败的项目追究责任。

审查报告需要审查数据或信息是否透明化，对风险的评估是否合理、科学，有没有风险约束的措施以及风险管理能力等。风险评估报告和审计报告由政府或财政部门编写完成后置于政府担保报告中。

（四）其他需要说明的问题

主要对政府贷款担保在预算编制、审批、执行及评估中存在的问题进行说明。如政府贷款担保项目产生的背景、预算申请要求、预算执行合规性控制、绩效评价等。同时对当前的政府贷款项目进行审计评估，尝试提出更有效的工作方案。

三、金融系统准财政活动报告的内容

金融系统的准财政活动以央行的准财政活动为主，然而它们所产生的公共资源性质的流量在政府预算文件中极少具有透明性。一是因为央行的准财政活动往往在一个净值基础上报告，很少有总的流量方面的信息；二是央行利润转移给政府的比率典型低于100%，而且还有时滞，此时准财政活动的成本只是部分体现在中央政府预算中；三是有些情况由于准财政活动导致的央行损失并未在中央政府支出中报告；四是有些准财政活动的效应并未直接反映在央行利润和亏损账户中。

与金融系统有关的准财政活动声明应纳入预算文件，是财政透明度的一项基本要求。具体而言：应在每个会计年度结束不久，公开提供经独立审计的央行、公共金融机构的财务报表；央行的年报应说明其代表政府进行的任何非货币政策活动，各公共金融机构年报应说明政府要求他们提供的非商业服务，披露与政府有关的任何关联贷款等信息。

与金融系统有关的准财政活动报告应包含足够的信息：每项准财政活动（央行的外汇储备、对金融机构的救助等）的公共政策目的、期限、准财政活动的数量（规模）、利率或汇率的差异、预算的受益人等。

央行从事准财政活动会导致央行的利润损失，根据其他国家的经验，央行的准财政活动成本往往在央行损益表中体现。

第三节　准财政活动报告的披露

披露是将信息通过适当的方式对外公布的过程。计量、报告和披露之间是一脉相承的。报告是计量信息的载体，披露是报告的公开过程。计量的信息决定着报告和披露的内容，由披露带来的公开审查压力又要求适当的计量和报告。因此，披露也是准财政活动妥善管理中不可缺少的一部分。本节重点介绍了准财政活动的披露标准和披露方式。

一、准财政活动报告的披露标准

公布财政信息是政府的一项法律义务。理想的情况是，政府所有的财政活动都应定期报告和披露。新西兰的《财政责任法案》要求政府：对于7月1日开始的财政年度，在3月31日前公布预算政策声明；在定期的“经济和财政最新情况”中披露为期3年的预测期内财政决策的影响；根据公认的会计标准提供所有财务信息；向议会提交《法案》所要求的全部报告。[1] 鉴于各类准财政活动的性质和影响不同，披露所有的准财政活动有一定的困难。借鉴企业财务报告披露的重要性原则一样，准财政活动的披露同样以重要性为原则。重要性的原则要求根据支出数额和发生的可能性，对准财政活动进行分类分级，披露具有重大影响或发生频率较高的准财政活动。

从披露的内容来看，准财政活动报告有预算报告、决算报告、绩效报告、审计报告等，预算报告是反映资源取得和资源分配的信息，也是预算过程的

[1] 参见 http：//www. treasury. govt. nz/publications/。

起点，相对而言最为重要，因此披露准财政活动的预算信息成为许多国家报告和披露准财政活动的重要内容。西方很多国家已经建立准财政活动预算的报告和披露制度，中国准财政活动信息的披露也应从预算信息开始，再逐步完善其他信息。

从披露的标准来看，准财政活动的内容尽量细化，提供详细的信息（表4-6）。如澳大利亚对税式支出报告中对税式支出项目采用了4种分类方式，不仅要求每年报告税式支出，还特别要求每5年进行一次两期报告之间的报告。政府贷款担保形成政府的或有债务，按照国际标准，对或有负债的披露应根据发生可能性的大小和损失数额估计的可靠性来进行综合判断，从而确定是否需要披露以及披露什么。

表4-6　政府或有债务的披露标准

未来资源流出或损失的可能性	损失数额可以被合理估计	损失范围可以被合理估计	损失数额或范围不能被合理估计
可能性很大（发生的可能性远远大于不发生的可能性）	在资产负债表内予以反映（预计负债）	在附注中披露或有负债的性质和损失范围	在附注中披露或有负债的性质并说明不能合理估计的原因
应该会发生（合理判断）	在附注中披露或有负债的性质和估计的损失数额	在附注中披露或有负债的性质和估计的损失范围	在附注中披露或有负债的性质并说明不能合理估计的原因
可能性较小	不披露	不披露	不披露

注：资料来源为《全景式政府财务信息披露研究》相关内容。

二、准财政活动报告的披露方式

披露方式指通过什么样的形式或程序进行披露。国际上税式支出报告的披露形式主要包括三种：一是以政府预算文件的一部分披露的（如美国、加拿大、德国）；二是以附件的形式附在政府一般预算报告之后（如法国、比利时）；三是单独编制报告，并进行单独的分析和评估（表4-7）。或有债务报告的披露形式主要有5种：政府财务报告、政府预算文件、中期财政框架、债务管理报告和财政风险报告（表4-7）。借鉴国际经验，在中国准财政活动报告建立初期宜采用单独报告、单独披露的形式。

表 4-7 或有债务报告的披露形式

有效披露方式	国家
通过政府财务报告	澳大利亚、新西兰、美国、加拿大等
通过政府预算文件	澳大利亚、奥地利、加拿大、捷克、丹麦、法国等
通过中期财政框架	哥伦比亚、秘鲁
通过债务管理报告	日本、捷克、土耳其
通过财政风险报告	澳大利亚、巴西、智利、哥伦比亚、印度尼西亚、新西兰等

资料来源：根据陈均平《中国地方政府债务的确认、计量和报告》中相关内容，由作者整理。

准财政活动报告的披露程序从报告审计开始，审计报告是准财政活动报告的组成部分。政府审计机关或社会审计机构对准财政活动报告信息的可靠性和公允性进行审计。经审计后的报告可直接披露，有两种披露程序：一种是提交全国人民代表大会审议，然后经过媒体或其他方式将信息传递给社会公众。如预算报告需要经过人大的审议（图 4-1）。另一种程序是在提交立法机关的同时，直接将报告通过媒体或其他传播形式向公众披露，这主要适合于不需要人大审议批准的信息产品。准财政活动报告的披露程序的终点是信息反馈程序。

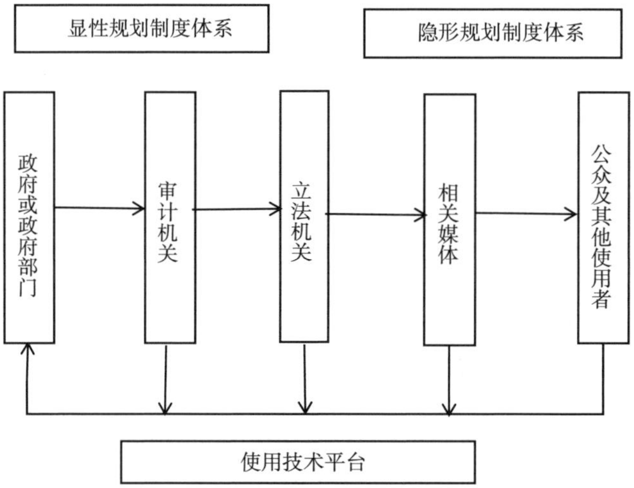

图 4-1 准财政活动信息披露程序示意图

本章小结

计量的载体是报告，报告的目的在于披露。良好的准财政活动报告机制包括报告的编制者、报告使用者、报告作用、报告内容、报告披露等。制式的准财政活动报告是报告机制的主要内容，本章在分析准财政活动报告机制构成的基础上，对税式支出报告、政府贷款担保报告进行了详细说明。税式支出报告包括基本信息、税式支出表、评估和审计、说明分析材料 4 部分内容。税式支出表是税式支出报告的核心。中国的税式支出表适宜对各税种按预算功能分类，编制各税种税式支出表，再按税种合并编制综合税式支出表。中国的主体税种是增值税和企业所得税，本章设计了中国增值税税式支出表和企业所得税税式支出表，在此基础上设计中国的税式支出表。政府贷款担保报告也从基本信息、贷款担保表、风险评估和审计、其他情况说明 4 个方面进行了阐述。准财政活动计量和报告体系是基于良治管理的工具，准财政活动报告的改进有利于加速准财政活动预算管理改革的进程。

第五章　准财政活动计量与报告体系的管理应用

信息的价值在于应用。标准化的计量和报告体系的构建为准财政活动的管理提供了信息基础，其成功与否的关键在于这一体系是否能够得到充分的应用。计量和报告体系的充分应用，对良好的准财政活动管理至关重要，有利于良治基本原则的贯彻，同时也是准财政活动融入预算过程的保障，有利于有效推进准财政活动管理改革的进程。本章重点阐述设计好的计量和报告机制如何应用于支持良治的管理，主要包括两个方面的内容：标准化的计量和报告体系信息对良治基本原则的支持和标准化的计量和报告体系信息对准财政活动纳入预算管理的支持。

第一节　指向良治的准财政活动计量与报告体系

良治是准财政活动管理的目标，基于良治的准财政活动管理亟需良好的结构化信息，标准化的计量和报告体系将散乱的信息结构化集成制式的报表。因此，标准化的计量和报告体系信息有益于支持良治的管理。按照宪法、法律体系的规定，预算要经过立法机关的批准，立法机关批准预算的行为就是法定授权，法定授权是良治的底线。缘于法定授权，一方面，行政部门拥有了广泛的权力，包括难以明确的“自由裁量权”，同时也获得了过度使用权力的机会；另一方面，为防止权力的滥用，公众和政府之间产生的委托代理关系要求代理人就其行为，尤其是取得和使用公款的行为，做出合理解释并对此负责，这就是受托责任。受托责任是对法定授权的补救机制。政府施政的行为就是履行受托责任的行为，受托责任是良治的核心。为保障和促进受托责任，要求公共账目公开、透明并及时披露，同时公众能够及时、免费获得相关信息，因此透明机制非常重要。透明机制是受托责任的重要保障机制之一，也是良治的关键因素。预见机制和参与机制也是保障问责的两个强有力机制。与透明度不同，预见性强调的是利益相关者需要对政府的所作所为有所预见，只有在资源流量高度预见时才能实现资源的良好配置。而参与机制通过公民的话语权表达和政府回应，不仅可以强化问责，也是形成良好决策的前提。法定授权、受托责任、透明度、预见和参与环环相扣，构成了良治的五项基本原则。这五项基本原则的有效实施离不开标准化的计量和报告体系信息。本节主要阐述标准化的计量和报告体系信息对支持良治五项基本原则的作用。

一、确保法定授权

（一）法定授权的内涵与机制

公共财政有两大基本问题，即公共资源池问题和委托代理问题。公共资源具有的外部性特征，使享受公共资源带的效应的群体，与提供公共资源的群体不完全吻合。这就要求对公共资源的形成和使用进行严格的授权和管理。授权的基本要求是：预算单位的资金来源、使用及其相关活动，必须在授权范围内进行；除非经过法定程序，否则，任何超过授权的行为都是对法律的冒犯。相对于政府活动而言，由于政府活动消耗的是公共资源，因此对于政府活动尤其是支出决策必须按照适当的程序依法进行授权。

法定授权是良治的底线，也是良治的首要原则。在民主治理体制下，政府既不能从公民那里拿走任何钱财，也不能实施任何支出，除非得到代表公民的立法机关正式和明确的批准。立法机关审查、批准预算的行为就是法定授权，法定授权是宪法赋予人大的一项重要职权。对于政府从事的任何活动，无论是收入还是支出，均需要按照法定程序进行授权。

法定授权的主要内容是预算授权，即政府的一切收支，无论是收钱、花钱、借债还是贷款都必须经过人大的审批，按照预算的程序正式明确地表达和实施。预算授权的实质就是人大对预算审查和批准。

提高预算授权的质量对公款管理能力的提升、公共管理质量的提升至关重要。为确保人大预算授权机制和程序正常有效地发挥作用，需要从形式和实质上提高法定预算授权的质量。

预算授权质量提升需要一系列的技术保障，包括人大的问责能力和预算信息的质量。人大的问责能力取决于法律规定的人大权力清单以及党政机关的权力边界。适当的预算信息对预算授权质量的提升更为重要。信息的整合是其中的关键环节。预算报告或者财政报告要以量化了的经济收入可能和支出需要等预算信息，从政府对资源的消费、工作的履行以及外部影响的角度为社会公众提供一幅完整具体的财政分配画面。一般而言，政府报告或预算报告所包含的内容和所提供的说明材料越完整，表明政府对所花费的资金支出、由这些支出所支持的活动以及这些活动所产生的外部效果的责任心越强。因此全面的信息是法定授权的核心。

全面的信息不是将所有零碎、散乱、繁杂的信息全部罗列起来，而是将这些信息集合起来，以制式报表或报告的形式综合集成，使人们容易掌握这些信息，并且看到最重要的信息。因此，设计标准化的报告和报表可以为人大提供全面、可靠的结构化信息，不仅可以让人大看得懂，而且能看到最紧要的问题，有利于人大得审查和批准，有利于预算授权质量的提升。

（二）确保准财政活动的法定授权

尽管准财政活动消耗的资源不存在可见的和货币的形式，但是这种隐蔽的资源消耗同样是公共资源，既然是公共资源，在使用和消耗前就需要首先按照法定程序进行授权。政府的任何支出尤其是隐蔽支出更需要代表公众的立法机关正式和明确的授权即预算授权。理想的做法是在编制预算的时候就将以往的准财政活动纳入预算赤字，通过正常预算程序执行，并接受与其他预算操作同样的审查。虽然以往准财政活动对生产和消费决策的扭曲作用仍将存在，但纳入预算会增强减少和规范准财政活动的政治意愿。同时对一些未来的准财政活动在纳入预算前，先进行全面比较和论证，并预计会形成多大的成本，产生多大的影响，这些都将体现在政府预算报告或者单独的准财政活动报告中。

总之，法定授权是良治的底线，贯彻法定授权是基于良治管理的首要原则。标准化的准财政活动计量和报告体系信息提供了准财政活动的全面信息，而且易于理解，有利于确保法定授权的质量。

1. 标准化的准财政活动计量和报告体系信息提供了准财政活动的全面信息

法定授权的实质要求拓宽事前预算授权的范围，有关政府活动的全部信息都应包含在预算文件中，并经过法定程序的授权。为方便立法机关对准财政活动的审查和批准，政府预算报告中要包括准财政活动报告的内容，同时准财政活动报告所提供的信息应全面反映准财政活动的成本、效益以及目标实现程度等方面的情况。全面的准财政活动信息有助于立法机关完整地掌握准财政活动的政策意图、成本绩效等信息。标准化的计量和报告体系将准财政活动的信息尽量反映成数据的形式，制式的报告将这些信息规范地呈现，因此很容易人大掌握和比较全部信息。

2. 标准化的准财政活动计量和报告体系信息有利于满足使用者的需求

标准化的计量和报告体系信息易于理解，并且易于迅速获取和交流。法定授权原则的贯彻要求报告能够被立法机关人员看得懂，而且能看到最紧要的问题。因此，凡有可能，在报告中应使用图表或举例以使报告更易理解，同时报告不应因难以理解而将重要信息排除在外。制式的准财政活动报告将重要信息以报表的形式体现，并以报表为核心内容，因此更易人大理解和审查、批准。

二、强化受托责任

（一）受托责任的内涵

受托责任源于公共财政的委托代理问题。政府作为代理人，公民作为委托人，政府花公民的钱，并为公民提供公共服务。为控制委托代理问题的负面后果，首先需要法定授权，然而无论是授予的权力还是未经授予的权力，都存在潜在的风险。行政部门具有滥用权力的机会和动机，因此对行政部门授权的同时还应授予责任，以责任约束权力，确保政府对权力负责，这就是受托责任的内涵。

受托责任是良治的核心原则，受托责任概念的逻辑基础就在于以责任制约权力，这个责任可最佳地表达为财政责任。建立政府受托责任既是对法定授权的有效补充，也是对政府行为的直接约束。

受托责任的形式有纵向受托责任（政府对公众受托责任）和横向受托责

任（政府对立法机构的受托责任）。传统的受托责任关注的是合规性责任，即公共资源获取和使用过程的合规性；现代财政制度要求在合规的基础上，更加注重绩效责任即政府花钱的结果。

受托责任的实施在于控制和报告机制。控制是委托人对代理人的控制，受托责任必须以适当的控制机制加以保证，纳入预算过程可以起到强化受托责任的作用。而各国行政机构向立法机关（以及政府向公民）展示其受托责任的努力和方式，一般也都始于提供经独立的、向立法机关负责的审计机关审计的受托责任报告（主要是预算报告和财务报告）。清晰而具体的报告机制有利于受托责任的贯彻。

（二）强化准财政活动的受托责任

准财政活动作为公共政策的替代和补充工具，所支配和使用的资源属于公共资源，理应依法支出，对公众负责。然而由于中国准财政活动还未纳入预算程序，也没有相关的法律依据，对其管理还存在着诸多问题，也影响着受托责任的履行。

准财政活动受托责任的重点在于审查准财政活动的适当性和使用效果是否对公款管理3个层次[1]的绩效担负起真正的责任。如果说法定授权的有效性依赖的是实施准财政活动的事前计量，那么受托责任的有效性更明显体现在准财政活动实施过程以及实施后的计量。将准财政活动纳入预算管理的过程并设计标准化的准财政活动报告是实现受托责任的有效途径。

标准化的准财政活动计量和报告对于强化受托责任的优势表现在3个方面：

1. 有利于准财政活动更加透明

透明度是受托责任履行的首要表现。受托责任的产生本身就是源于信息不透明，委托方和受托方存在信息差距，因此透明度，尤其是信息透明度是否提升可以直观地反映受托责任的履行情况。作为隐蔽支出的准财政活动更

---

[1] 3个层次依次是：财政总量（收入、支出、赤字与债务）的可持续性；支出配置是否充分反映战略优先性与政策重点；支出使用是否满足3E概念表达的运营绩效——经济性（Economic）、效率（Efficiency）与有效性（Effective）。

需要通过提高透明度来强化政府的受托责任。

通过准财政活动的计量指标和报告可以了解成本、效益等信息，知道公共资源是如何分配的，通过哪些项目支出的，也可以知道准财政活动有关的一些基本信息以及审计信息等。报告的缺乏会导致信息无法被了解，透明度大打折扣，受托责任也无法掌握。

2. 有利于鼓励问责

由于准财政活动消耗的资源来自公众或广大纳税人，因此准财政活动实施部门和公众之间就产生了受托责任，与此同时，公众要求资源使用者就资源使用负责，这就是问责。问责的具体体现是评估准财政活动的履行效果，有没有反映公众的利益，有没有满足公众的需要。这种评估的实施即对准财政活动执行中产生的信息进行评估，通过评估准财政活动效果以及与目标之间的差距，起到强化问责的效果。

3. 通过曝光过度的成本节省资金

成本控制是准财政活动管理的一个首要目标，成本也是准财政活动决策的一个依据。因此对准财政活动成本的报告和预计可以曝光当前的成本是否过度使用。对准财政活动成本的预计是准财政报表的重要内容，由此可见良好的报表有利于曝光成本信息和成本控制。

三、提高财政透明度

国际货币基金组织财政事务部在 1998 年发布的《财政透明度良好做法守则——原则宣言》中明确，优良的政府管理对于宏观经济稳定和高质量增长具有极其重要的意义，财政透明度是优良政府管理的一个关键方面。财政透明度强调对政府预算和预算外活动进行全面可靠和及时的报告，确保向公众和资本市场提供关于政府结构和融资方面的全部信息，使公众能够对财政政策的稳健性做出可靠评估。可见，全面可靠及时的信息对提升财政透明度以及优良政府管理极其重要。

（一）财政透明度的内涵

财政透明度有利于强化政府的治理机制（Albert，1970）。在良治基本原则中财政透明度不仅是法定授权的支撑机制，更是受托责任的修正机制。财政透明度构成了良治的重要成分和关键因素。

财政透明度有不同的定义[1]。简单地说，财政透明度是指政府向公众及时、充分及免费披露相关信息。因此，财政透明度对政府信息披露提出了4个方面的要求：充分披露、披露相关信息（公众关心的信息）、及时披露和免费披露。同时财政透明度对政府披露信息的广度和深度也有要求。从广度上讲，政府要披露的信息主要有3种类型：预算信息（主要通过预算报告披露）、财务信息（主要通过事中和事后的财务报告披露）和绩效信息（主要通过绩效报告披露）。从信息披露的方式和深度来看，信息披露应在条目式披露方式的基础上，尝试规划-活动层面的信息披露[2]。

财政透明度原则的贯彻需要从政治意愿和技术能力两个方面加以满足。政治意愿取决于激励机制的设计以及公众的压力，而技术能力则主要取决于政府对标准制式预算报告、财务报告的开发。确保预算信息的完整性（包括预算文件和预算过程）成为财政透明的最低要求。

目前中国各级政府财政透明度偏低，与国际标准差距明显。因此中国政府财政透明原则的确保，不仅要求公民能够免费、自由地获取各类公开信息，还要求政府按照国际标准编制政府各类报告、公布各类财务信息。

一方面政府应定期向社会公众披露相关的财政信息。包括公开预算、决算、财务报表以及相关审计报告等。另一方面，力争贯彻国际标准提高财政透明度。根据财政透明度的国际标准，年度预算文件中应包括1份准财政活动报告书。对于有关准财政活动，要说明其公共政策的目的、期限和预算受益人。例如，对于中央银行的准财政活动，应在每个会计年度结束后，公开提供独立审计的中央银行财务报表，并在中央银行的年报中说明代表政府进行的任何非货币政策活动。同时，为使人们对每项准财政活动的潜在财政重要性做出一些评估，对主要准财政活动进行量化。

---

❶ 国际货币基金组织（IMF）在2007年发布的《国际货币基金组织财政透明度守则》将透明度明确为：政府向公众公开其结构、职能、公共部门账户、政策的意图以及财政的预测情况。Kopits和Joh Craig在《政府运作的透明度》（1998）一文中将财政透明度解释为：透明度是政府向公众公开其结构、职能、政策取向以及相应的账户信息。

❷ 在此模式中，预算支出分类系统遵循的基本规则是“功能套规划”，其次是“规划套活动”，接下来是“活动套条目”。按照“功能”“规划”“活动”“条目”依次展开的信息提供政府财政活动的完整画面，包括细节信息。

（二）提升准财政活动的透明度

准财政活动属于政府的活动，有关准财政活动的信息同样属于公共信息。从财政透明度的角度而言，准财政活动的信息应公开透明。标准化的计量和报告体系有利于确保信息使用者获得准确、可靠、及时、相关和可比的信息，提升透明度。

1. 有利于扩大信息的披露范围，扩大公民的知情权

准财政活动计量和报告信息的披露，有利于公民了解政府活动的相关信息，了解政府的政策方向和政策实施的效果，扩大公民的知情权。

披露准财政活动信息，一方面，准财政活动的信息要完整，包括事前的预算信息、事中或事后财务信息以及事后的绩效信息，最低要求是在预算文件中包括准财政活动报告、税式支出报告等内容。另一方面，准财政活动信息要融入整个预算程序中，在预算编制、审查、执行和评估、审计各个阶段纳入准财政活动计量和报告信息。

及时披露准财政活动信息。不及时的信息会损害信息的有用性，及时但不精准的信息会比不及时的精准信息更有用。因此，如同公司情形一样，准财政活动报告须定期编制并及时披露。

2. 准财政活动信息对支持财政透明度提升的另一表现在于反腐败

法定授权授予政府管理公款的权力，但是如果这种权力与信息不对称（通常是公众不能获得足够的信息）相结合，政府官员行为的随意性就会增强，甚至不惜牺牲公众的利益，于是寻租和腐败问题相伴而生。

现代寻租理论指出，有效克服寻租的主要方法在于增加政府活动的透明度，改善经济活动主体之间存在的信息不对称状态，规范政府的行为。那么，良好的政府活动、信息及时充分地披露对反腐败就具有重要意义。

3. 制式的准财政活动报告有利于解决核算中的技术问题，便于与国际接轨

一方面，提高准财政活动财政透明度需要开发、建立良好的量化衡量标准，并且有良好的激励机制，能够激励相关管理人员，尤其是会计和审计人员主动做好对准财政活动的核算和监督。

另一方面，建立标准制式的准财政活动报告对于财政透明度提高的关键还在于信息间的比较。制式的准财政活动报告便于人们清晰地了解各类政策的意图、执行情况和效果如何，也要与国际接轨，便于与其他国家比较。

一般来讲，市场经济越发达、透明度越高的国家，准财政活动的信息披露及量化机制越完善。比如美国、德国等国家早在20世纪初就开始探索将准财政活动信息透明化，并且逐步形成了一套对活动信息进行量化、披露和评价的体制。而在发展中国家，财政透明度相对较低，准财政活动也普遍存在，对准财政活动的披露和计量几乎难以达到国际标准。2003年王雍君的《全球视野的中国财政透明度：中国的差距与努力方向》一文中，以IMF对发展中国家和转轨国家规定的最低标准对中国的财政透明度进行了对照。结果显示，在27项最低标准中，中国仅有一项是符合的，10项属于部分符合，其他16项都不符合。比如在“信息的公共可得性”这一大类下面的7项标准，中国全部是不符合。尽管近年来，中国的财政透明度有了很大的提升，但距离国际标准还有一定的差距，财政信息的披露和计量仍有很大的改进空间。

四、增强预见性

（一）预见性的内涵

预见性是一项非常重要的现代治理价值。预见性与财政透明度相关但不完全相同，财政透明度强调的是信息的充分披露，预见性强调的是利益相关者需要对政府的所作所为有所预见。在财政领域，预见性主要是指财务上的预见性。在公共支出管理中，缺乏财务资源的预见性会损害战略优先性，而且使公共官员很难制定服务供应计划。

预见性包括收入的预见性（明年或未来1~3年有多少钱可花）和支出的预见性（需要花多少钱）两部分。每一级政府和每一个预算单位在准备预算时，预见性显得尤为重要。缺乏预见性，对未来的公共资源流量高度不确定，不仅很难编制和呈递高质量的预算，也破坏资源分配的良好战略和工作优先性。政府支出总量及其构成的预见性，也是引导私人部门制定生产、营销和投资决策的路标。

预见是治理的基石，也是良治前三个原则的补救机制。预见性原则的贯彻来源于法律和规章的清晰性、预先可知以及统一和有效地实施。“法治”是实现预见性的重要方面，相对于盛行的行政规范、规章制度，法律的预见性更强。因此，制定相关法律，将预算规则上升到法律层面是加强预见性的重要举措。同时，预算规则必须统一应用于所有人，在所有领域统一解释和统一实施。减少“法定支出”，规范专业术语和分类系统也可能增强预见性。

在年度预算的基础上采用中期规划是预见性有效实施的一个重要举措。中期规划要求预算准备和预算申请建立在3~5年期的基础上，也就是在配置资源时要考虑未来若干年的信息，对未来高质量的预测性信息有利于实现政府活动的可持续性，保障基于战略优先性的资源配置。缺乏预见性信息容易导致政策制定的短期行为。

总之，作为重要的治理安排，预见性适用于政府活动的所有领域。具有起码预见性的预算制度是实现政府政策目标的重要保障。无论是预算文件还是预算过程都应呈现出一定的预见性。良好的预算文件应清晰表明资源的可得性。法治的根本就在于法律的预见性。政策、规划和预算均应尽可能在最好的资源预见性下制定。

中国政府在准财政活动领域预见性欠缺，一方面在于没有有关任何准财政活动的事前规则，遑论法律规范；另一方面对准财政活动后果的预见性也很差；而且中间的管理机制更是交叉重叠、模糊不清，导致了很多资源的浪费和寻租行为。因此，在准财政活动管理中贯彻预见性原则是实现良治的重要体现。

（二）增强准财政活动的预见性

准财政活动是实现政府特定政策的工具，目的性很强，在准财政活动管理中贯彻预见性原则非常重要。预见性既是准财政活动法定授权的前提，也是受托责任的结果，同时也是财政透明度的补充机制。如果没有事前的预见，法定授权将无所适从；如果没有结果的可预见，受托责任是无意义的；尤其是对于政策制定者而言，缺乏预见性，政策制定者很可能错失最佳行动时间[1]。

预见性意味着对准财政活动要统筹规划，做出长远计划。制定有关准财

[1] Executive Office for Administration and Finance Commonwealth of Massachusetts: Tax Expenditure Budget Fiscal year, 2004, February 2003.

政活动的法律、法规，并有效预测准财政活动的效果和财政影响。现在准财政活动的规模比较大，如果没有起码的预见性，将不利于预算管理目标的实施，也不利于统筹规划各类政府活动。

准财政活动预见的有效性依赖于法定性和计量、报告信息的可靠性。准财政活动的法定性意味着将准财政活动上升到法律的层面，通过“法治”减少“自由裁量”。而计量、报告信息的可靠性指的是计量信息的质量，计量信息的质量越高（包括准备、审查、执行、评估各阶段的信息），越能为预见性提供保证，预见性越有效。一般而言，准财政活动的预算文件中应清晰表明资源的可得性，并有未来1~3年准财政活动支出、收益、效果的预测信息。

标准化的准财政活动计量和报告信息提供了准财政活动未来成本、效益方面的信息，这对于评估准财政活动“有多少钱可花”和“需要花多少钱”即当前政策的可持续性意义重大。

五、加强公民参与

（一）公民参与的内涵

公民参与是民主治理的典型特征。在公共事务尤其是财政事务中，公民参与尤为重要。因为公民是政府政策和公共服务交付的一线体验者，通过公民参与可以强化政府的受托责任。同时，公民参与还是决策纠错的关键。因为政策制定者的任期要远远短于选民的生命周期，所以无论是中央政府还是地方政府，政策制定者的目光相对于选民来说通常比较短浅，并且政策制定者为了获得短期内的选民支持，往往进一步加剧制定政策的短期性。而通过公民的参与机制，理论上来说，地方立法者在通过一个为获得长期财政可持续的议案时也会获得地方选民的支持。

公民参与也是回应性治理的支柱。“公民参与—话语权表达—政府回应”是公民参与的完整链条，这一链条包含了公民话语权表达和政府回应两种机制。话语权表达是公民参与的直接目的，其形式包括听证、选举、服务调查等，而话语权表达能否以及在何种程度上改进服务交付还取决于官员的回应性。

预算过程为公民参与提供了很好的平台。无论公民话语权的表达还是政府的回应都应该落实到预算的每一个阶段，包括预算的准备、审查、执行和评估阶段。公民参与的有效性还取决于公民对政府信息的了解程度以及政府信息的制式记录、表达和披露方式。政府报告无论是预算报告还是财务报告应以对公民有意义的方式分类，以贴近公民的方式准备，同时预算信息应清晰表达官员的个人责任并反映财政运营的关键信息。

（二）加强准财政活动的公民参与

政府的准财政活动同样需要承担对公民的受托责任，在预算过程中贯彻公民参与原则不仅能反映公民的需求和偏好，对官员受托责任的履行也会形成一定的压力，有利于政府政策目标的实现。因此，准财政活动的妥善管理离不开公民参与。

为促使公民参与的有序进行，要求政府的准财政活动信息和报告采用公民友好型制式。公民友好型制式的最低要求是“普通人也能读懂”。标准化的计量和报告体系以公民友好型制式呈现，有利于加强准财政活动的公民参与，提高公民参与的积极性和效果，同时也有利于公民向政府反馈信息，促使政府对当前的政策做出评估和决策。标准化的计量和报告信息对加强公民参与的作用主要体现在以下几个方面：

1）报告信息（至少是公民关切的部分）采用公民友好型的预算分类——尤其必须包含清晰定义的规划[1]分类，便于公民了解当前规划的资源分配和使用状况。

2）报告信息以贴近公民的方式准备——预算文件的概要部分应以一份公民指南或公民概要的形式发布，这种方式易于公民理解。

3）报告信息清晰表达了官员的个人责任（谁对什么负责），而不是笼统的集体责任，有利于突出具体官员的责任。

4）报告信息公布所有公民关切的基本预算信息——包括政府运营的收入、支出 、赤字盈余以及产出、成果等绩效信息，有利于亲善使用者。

第二节　指向预算的准财政活动计量与报告体系

纳入预算能很好地解决管理与预算脱节的问题。预算是由若干相互继起

---

[1] 规划指旨在促进某一特定政策目标的若干活动的集合，对应的是政策实施环节。公共服务通过规划交付给服务使用者。

和循环往复的流程组成的动态过程，预算管理就是对预算过程的管理。典型的预算过程包括预算准备、预算审查、预算执行和预算评估 4 个阶段。正如管理依赖于信息一样，预算管理也不例外。高质量的预算管理依赖于良好的结构化信息。通过良好的结构化信息预算管理系统可以帮助公众作出更好的公共选择，进而增进效率和福利。本节围绕预算过程的 4 个阶段阐述良好的结构化信息对支持预算管理的作用。

一、预算准备与计量和报告体系信息

预算管理主要是对预算过程的管理。预算准备是预算过程的第一个阶段，预算草案的编制和预算申请是预算准备的重要工作。预算草案的编制依托大量的信息，包括宏观经济筹划的信息、战略优先性信息、收支估计信息、预算限制信息等。预算申请中应包含证明项目适当性的信息以及项目的绩效信息，从而来证明预算申请的合理性。

在进行收支出估计，尤其是支出方面的估计时，要对资源的充足性和可得性进行预见，对资源的花费进行预见，即有多少资源可供支配，需要多少成本。良好的结构化信息尤其是一些计量指标信息具有很好的预见性，能够对未来的成本预计提供基础。

在宏观经济筹划过程中，政府部门要考虑以往的政策效果，并根据国家的战略目标确定未来的政策方向和重点来考虑政策工具的连续性或改变政策工具。预算是实现政府政策目标和满足公众利益的核心工具，预算的制定需要以宏观经济筹划为导向，宏观经济筹划需要在良好结构化信息的基础上根据经济条件变化来确定。

预算限额的制定来源于项目的适当性、有效性评价。支出限额主要是对政府各项支出（包括税式支出、政府债务等）要确定一个限额，这个限额的制定主要考虑预算支出是否符合宏观经济政策，是否优于其他项目，实际绩效结构是否达到所定的绩效目标，据此决定支出的多少。因此，预算限额不是在一年的基础上设定和实施的，而应在中期基础预算的框架下发挥作用的。

在编制预算草案时支出机构需要以绩效信息（尤其是成果说明）来阐明其预算申请的理由和适当性。尤其是在要求将绩效因素融入预算过程的体制中，以成果（以及其他绩效信息）证明预算申请的合理性和适当性十分重要。各部门的绩效报告可以为预算编制提供有效可靠的绩效信息和绩效监督，从而使预算分配决策更加合理。

二、预算审查与计量和报告体系信息

预算审查主要是指立法机关对行政部门申请的预算草案的审查和批准。立法机关预算审查的内容包括：预算执行情况是否符合预算决议要求，预算安排是否合法、符合政策方向，支出安排是否适当，预算编制是否全面、完整，有关重要事项的说明是否清晰。

从形式上看，预算审查主要就是对预算报告的审查，对上年度预算执行情况及本年度预算草案的审查。预算审查既包括合规性审查，也包括绩效性审查。预算报告是预算审查的对象。因此预算报告中的合规性信息和绩效信息是进行预算审查的基础，没有良好的报告体系不利于立法机关的理解和审查。目前中国预算审查多为形式审查，人大和政府间信息不对称是造成这种情况的主要原因。标准化的计量和报告体系便于人大掌握有关信息，因此建立标准化的计量和报告体系对预算审查极为重要。

三、预算执行与计量和报告体系信息

预算执行从预算得到审查、批准、批复开始。进入预算执行阶段后，用于预算申请的所有指标，尤其是一些关键指标在实时发生变化，这些指标实际值与目标值之间的偏差也开始显现。因此，在预算执行中应对这些指标全程追踪，一旦发现偏差过高就及时改进执行方式，避免预算执行结果偏离甚至违背最初的目标。对指标信息的监督依赖于设计良好的信息系统，以自行、全程追踪来实现，确保对这些信息的追踪反馈到执行的全部过程中，即授权—承诺—核实—付款各个环节。

准财政活动预算进入执行前首先要获得人大的明确授权，人大授权的过程就是评估准财政活动预算申请指标信息是否合适的过程。比如审查准财政活动预算申请的支出总量是否合适，是否超过了预算限额；准财政活动预算申请中的绩效信息是否能够说明当前项目的适当性和优先性。随着准财政活动预算进入执行环节，这些指标信息就开始实时更新，对这些指标信息的跟踪和控制在预算执行中非常重要。准财政活动的总量控制、资源的配置效率、政策的运行效率、运行的合规性以及由于实施所形成的财政风险均是预算执行过程特别需要关注的问题，尤其是总量控制在许多国家成为预算执行中要关注的首要指标。

除总量控制外，预算执行的实际值与目标值之间的差距也是一个需要注意的问题，尤其是一些关键指标在这方面的差距更需特别关注。预算执行过程要确保不改变预算的初衷，当然也不一必要机械化地服从，在合理范围内的偏差是可以接受的。

通过以上分析可以发现，准财政活动的总量信息、资源的配置效率信息、政策的运行效率信息、运行的合规性信息以及由于实施所形成的财政风险信息等都通过预算执行过程来反映，预算执行的过程就是这些信息的追踪和形成过程，这些信息的集成也是评价预算执行的要素。

四、预算评估、审计与计量和报告体系信息

预算评估既有规划评估又有活动评估。对支出部门的预算评估主要是对支出部门从事支出活动的预算评估，各支出部门要建立自己的预算评估机制。预算评估旨在通过科学的方法，了解政策、规划和活动所产生的效应，这对改进资源分配决策、促进预算效率极为重要。

准财政活动的预算评估报告包括资源和收益类型的评估、资源的使用和分配情况的评估、成本—效益的评估、对经济影响的评估、政策选择和优先支出合理性的评估、资源是否依据法定的预算及其他法律和相关授权的评估等。准财政活动的分类信息、成本信息、收益信息、效率、效果信息以及风险信息可以为评估提供基础，同时也是评估的内容。

预算审计是立法机关借助独立的审计机构对行政部门的预算执行情况进行审计，以确保行政部门对预算执行结果向立法机关和公民负责。审计的范围包括财务审计、合规性审计和绩效审计。通常审计的重点是政府整体或各政府部门的财务报告和绩效报告。美国国会于2002年通过的《税款受托责任法案》，要求规模较小的部门也要编制接受审计的报表。

标准化的计量指标和制式的报表构成了预算审计的基础，有利于提高预算审计的质量和效率。在预算审计过程中审计者应向立法机关和公众及时提供关于政府账户真实性的报告，就发现的问题提供书面意见。意见包括：是

否采用认可的会计基础和一致适用的政策编制报表；报表是否符合法律要求和法规；对报表有关的所有重大事件是否都有适当的披露；财政政策的真实度和透明度如何。

本章小结

标准化的准财政活动计量和报告体系信息有利于支持基于良治的管理，有利于支持准财政活动纳入预算管理，尤其是纳入预算程序。本章主要分析了标准化的计量和报告体系信息在管理中的应用。法定授权、受托责任、透明度、预见性和参与性作为良治的五项基本原则，其作用的有效发挥离不开良好的结构化信息。为确保法定授权，良好的信息有利于人大审查和批准；为强化受托责任，良好的信息有利于代理人向委托人解释其行为的适当性和有效性，委托人可以看到代理人委托责任的履行信息；良好的结构化信息有利于信息及时公开，提高透明度；良好的信息尤其是一些预测性信息，中期规划的信息更是有利于预见性机制的发挥；良好的结构化信息采用公民友好型模式，便于公众理解和参与。预算过程的实施也离不开良好的信息，预算申请需要有信息基础，预算执行是对信息的自动监测和追踪，预算评估是以信息为基础的评估，预算审计更依赖于信息的质量。因此，良好的结构化信息对于预算管理也非常重要。

第六章　准财政活动管理的国际经验与改革议程

预算是实现管理的核心工具。实践表明，在涉及公共管理的所有工具中，预算具有其他工具不可比拟的优越性。鉴于中国准财政活动管理的脆弱性，借鉴西方国家准财政活动计量、报告及预算管理的经验，为中国准财政活动的管理改革提供指导，中国准财政活动管理改革应以朝向预算为方向，构建准财政活动的预算管理体系。

准财政活动预算管理体系的基础是标准化的计量和报告体系，核心和目标是实现良治，有效路径为“纳入预算（如税式支出、政府贷款担保）”或“比照预算（如中央银行的准财政活动）”。本章在介绍国际上准财政活动计量和报告以及预算管理概述的基础上，分析中国的准财政活动如何进行基于良治的预算管理改革，以及纳入预算的运作流程。

第一节　国外准财政活动管理概述

西方国家对准财政活动管理的关注较早，很多国家准财政活动管理机制已经比较完善。国际上准财政活动管理的做法，可以为中国的准财政活动管理提供经验和借鉴。

一、西方国家税式支出管理概述

西方国家对税式支出的关注较早。对税式支出的关注起源于20世纪30年代各个国家应对经济危机颁布的大量税收优惠政策，尽管这些政策发挥了一定的积极效应，但是也出现了管理混乱的问题。20世纪60年代美国和德国首次将税式支出报告编入预算，随后很多国家对税式支出预算管理进行了立法上的要求。

（一）美国的税式支出预算制度

美国是世界上最早建立相对完善的税式支出预算制度的国家。其税式支出的概念最早是由美国财政部长助理萨里倡导的（Stanley S. Surrey，1973），美国的第一份税式支出报告是在1968年公布的。《1974年美国国会预算法案》明确规定美国联邦政府管理和预算办公室（OMB）和国会税务联合委员会（JCT）编制并提供年度税式支出报告。此后，美国每年都在预算中报告税式支出。因此，在美国，税式支出是政府经过立法授权、通过正常的预算程序，以预算的方式计量、报告和披露的。税式支出报告不仅有立法要求，每年还作为政府预算文件一部分予以报告。

美国税式支出报告目的非常明确，分别是促进税制改革和控制支出规模，但必须达到透明度的要求，与直接支出比较评价以及提供成本与效益方面的绩效信息。《1974年美国国会预算法案》规定美国政府有义务把税式支出纳入政府预算的一部分，并提供税式支出报告，但美国的税式支出还没有完全纳入正规预算程序。表6-1给出了2013年美国OMB和JCT税式支出预算的相同和不同之处。

表6-1　美国OMB和JCT2013年税式支出预算比较

	OMB	JCT
包含的税种	只包含所得税（公司所得税和个人所得税）	只包含所得税（公司所得税和个人所得税）
估算期	7年制：2012—2018财政年度	5年制：2013—2017财政年
对税式支出的分类	按照预算职能进行分类，并且将个人所得税和公司所得税项目分开	按照预算职能进行分类，并且将个人所得税和公司所得税项目分开
基准	正常基准和参照税法基准	正常基准
税式支出的估算方法	收入放弃法、等额支出法和现值法（针对税收递延项目）	只使用收入放弃法
税式支出项目数量	169项	200项
底线规则	不考虑7年期内总额少于500万美元的项目	不考虑5年期内总额少于5000万美元的项目
对分布性的分析	不分析	对9项税式支出进行分析
估算金额	1.1万亿	1.3万亿

（据楼继伟，2003）

在美国税式支出报告中将税式支出定义为基准税制的特殊优惠形式，但对于基准税制财政部认为包括正常基准和参照税法基准，而税收联席委员只采用正常基准。

1 年编制周期的美国税式支出表有不同分类标准，包括可按预算功能和种类分类，税种可覆盖个人所得税、公司所得税、遗产与赠予税❶以及社会保障税。财政部和税收联席委员会的税式支出估算方法也不同，美国财政部的估算方法有收入放弃法、等额支出法和现值法（针对税收递延项目），但税收联席委员会没有采用等额支出法。估算周期也不同，财政部为 7 年（前 1 年、当年和以后的 5 年），税收联席委员会为 5 年（当年和以后的 4 年）。

除此以外，美国联邦政府的 OMB 和 JCT 每年都会按照税式支出类别列清单、统计、估算以及在网站上公布报表。2016 年美国按类别划分税式支出中，商业和住房类占 33. 7%，教育、就业培训和社会服务类占 10. 60%，卫生类占 20. 20%，收入保障类占 17. 3%，一般财政援助占 6. 2%，其他为 12%。

（二）德国的税式支出管理制度

德国自 1967 年开始编制税式支出报告，至今已经 50 多年的历史了，是世界上最早编制税式支出报告的国家之一，但德国的税式支出预算制度并未完全进行正规程序化管理。从德国的税式支出报告来看，税式支出采用的是“税收补贴”的概念，并与直接补贴一起作为财政补贴，提供财政补贴报告。

德国财政补贴报告的编制周期为两年，税收补贴先按部门或行业分类再按税种分类，涵盖的税种包括公司所得税、净值税、企业税、营业税、流转税等。德国税式支出的估算方法为收入放弃法，估算期限为 4 年（前两年、当年和后一年）。根据德国第 25 期补贴报告，2016 年联邦政府向企业提供的补贴共计 229 亿欧元，其中直接资金支持 75 亿欧元，税收优惠 154 亿欧元。

德国税收补贴报告的目的包括：税收优惠基本信息的说明、税收优惠效果检验以及减少支出。德国《促进经济稳定与增长法》于 1967 年颁布实施，并规定财政补贴情况由德国联邦政府报告给议会，每两年一次，补贴报告作为预算文件的一部分进入预算过程。

---

❶ 管理和预算办公室（OMB）的税式支出目录中一直包括遗产税和赠予税的税式支出项目，但是国会税务联合委员会（JCT）不考虑遗产与赠予税。

（三）加拿大的税式支出管理制度

加拿大是世界上税式支出报告最完善、内容最翔实的国家之一，自 1979 年公布第一份《税式支出账户报告》开始，又在 1980 年、1981 年、1985 年、1987 年和 1988 年相继公布了几次税式支出账户报告。1991 年加拿大财政部重组税收评估部门，并于 1992 年公布了一份仅包含个人所得税的税式支出说明，经过几年的补充和完善，2000 年报告的名称改为《加拿大政府税式支出及评估报告》，并按年公布。

加拿大的税式支出报告包含所有的税收优惠规定，税种涵盖了个人所得税、公司所得税、货物税与劳务税，报告的编制周期为 1 年。税式支出的估算周期是 8 年，包括前 5 年、当年和后 2 年。估算方法采用收入放弃法、个人所得税计算模型、公司所得税计算模型、销售税计算模型以及投入产出表和国民经济核算账户。

加拿大税式支出报告的目的在于评价、分析各税种，为预算前提供咨询，尽管报告没有立法要求，但财政部每年提供一份详细的报告作为政府的独立文件。加拿大税式支出报告的内容为各国报告的编制提供了很好的参考。

（四）澳大利亚的税式支出管理制度

澳大利亚税式支出报告从 1980 年开始以附件的形式公布，直到 1986 年被第一次独立公布。从《1998 年预算真实性法案》之后，澳大利亚联邦税式支出报告纳入预算循环，并定期（每年）与中期预算一起公布。

澳大利亚基准税制是以税收中性的原则定义的，即税式支出为结构性因素，是税制刻意安排之，其目的性为区别基准与税制，区别税式支出和直接支出。编制周期为 1 年，估算期限为 7 年，包括前 3 年、当年和后 3 年。

在澳大利亚，计算税式支出通常使用收入放弃法，由收入放弃法计算的税式支出可以说明接受减免的个人或企业所享受的财政优惠。澳大利亚税式支出报告包括了所有联邦政府的税种。由于澳大利亚拥有良好的税收征管系统，大多数统计数据都来源于纳税人，包括个人和企业。企业每季度上报企业的纳税情况，既包括企业经营活动情况表，也包括代扣员工个人所得税情况表。税务机关良好的信息管理系统，使得信息的汇总和统计大多依靠该信息系统完成。由于纳税人的积极参与和先进的数据管理系统，澳大利亚的税式支出数据的取得和统计比较容易。

在澳大利亚，对于税式支出的项目分类通常可以采用4种方式❶：

1）按照经济功能分类。按照经济功能分类的税式支出，可以根据其应用范围来划分，然后将这些职能细目分类并与具有相同职能的直接预算支出进行对比，以确定政府提供补助的总规模（表6-2）。这种方法既可以较好地表示出不同经济类型间的直接支出以及税式支出的规模差异，也可以表示出同一经济功能类型不同支出方式之间的规模差异。

表6-2　按功能分类的税式支出合计

单位：百万澳元

	估算			计划			
	2004年5月	2005年6月	2006年7月	2007年8月	2008年9月	2009年10月	2010年11月
一般公共服务							
A. 立法和行政事务	2	2	2	2	2	3	3
B. 金融和财政事务	2	0	0	0	0	0	0
C. 外交事务和经济援助	428	459	499	510	531	551	581
D. 综合研究	0	0	0	0	0	0	0
E. 综合服务	8	8	7	7	7	7	8
F. 政府退休金	0	0	0	0	0	0	0
国防	156	180	202	213	217	216	219
公共秩序和安全	0	0	0	0	0	0	0
教育	1	2	6	8	8	7	7
健康	365	585	876	925	995	1090	1210
社会保障和福利	26951	33211	34833	36495	36927	39181	41521
住房和社区环境	525	530	605	615	615	620	620
娱乐和文化	202	198	183	197	211	208	224
燃料和能源	1660	1590	1390	1490	1550	1630	1745
农、林、渔业	559	524	524	404	267	263	285
采矿、制造和建筑	-4313	-3787	-4020	-4277	-4524	-4069	-3489
交通运输	205	240	295	375	450	485	510

❶ 澳大利亚税制改革报告，http：//szs. mof. gov. cn/zhengwuxinxi/guojijiaoliu/200806/t20080623_47841. html。

续表

	估算			计划			
	2004年5月	2005年6月	2006年7月	2007年8月	2008年9月	2009年10月	2010年11月
其他经济事务							
A. 旅游业和地区发展	15	16	14	14	18	17	17
B. 劳动和就业事务	542	1000	1055	1028	1057	1009	1003
C. 其他经济事务（b）	10223	11053	12949	12634	13311	14721	16228
其他用途							
A. 公共债券利息	0	0	0	0	0	0	0
B. 名义退休金利息	0	0	0	0	0	0	0
C. 一般政府间交易	540	630	700	770	860	950	1060
D. 自然灾害救援	0	0	0	0	0	0	0
E. 应急储备金	0	0	0	0	0	0	0
合计	38071	46441	50120	51410	52502	56889	61752

资料来源：澳大利亚财政部网站。

2）按照纳税人类型分类。按照纳税人类型对税式支出进行分类可以看出哪些纳税人可以通过税式支出获得最多优惠。这种分类虽然难以确定最终受益人，但可以提供一个税式支出的总体轮廓。

3）按照相关的基准分类。按照税式支出报告要求，澳大利亚制定了相关的税式支出基准，以此分类可以识别特定的税式支出来源。例如，通过按照基准分类的个人所得税税式支出详细目录，可以清晰地反映个人所得税当中有哪些税式支出。

4）按照税式支出的效应分类。按照税式支出的效应将税式支出分为正税式支出和负税式支出（没有实现减免，相反增加了国家收入）。表 6-3 为按照金额规模排列的 2007—2008 财年澳大利亚税式支出项目。

表 6-3　2007—2008 财年税式支出

单位：百万澳元

税式支出		估算
较大的正税式支出		
C6	退休金-对退休金实体盈利的税收减免	13600
C5	退休金-对雇主缴款的税收减免	10150

续表

税式支出		估算
E9	对个人和信托的资本利得税减征	6870
A43	家庭税收福利豁免，A 和 B 部分，包括等额费用	2480
C4	退休金-对基金的资本利得税减征	1550
D26	申请法定公式用于对汽车福利的计算	1490
C3	对无退休金辞退福利的税收减免	1400
A33	对某些社会保障福利、年金或津贴的税收扣除	1200
B12	对某些债券利息预提税的豁免	1030
A31	老龄澳大利亚人税收扣除	1010
A39	对用于福利、年金或津贴的某些所得的税收豁免	1000
A22	私人医疗保险返还的 30%免税，包括等额费用	1000
F3	对航空汽油和航空煤油消费税的低税率	905
A66	对经批准受赠者的捐赠的扣除	870
C8	退休金-对某些个人捐赠的扣除和税收减免	780
B104	对市政当局和其他地方政府实体的所得税豁免	770
F6	对替代燃料的消费税豁免	750
A21	对应税所得低于起征点的居民免征医疗附件	670
较大的负税式支出		
F22	关税	-3682
F7	对焦油含量低于 0.8 克的香烟征收高消费税	-1375
B75	对厂房和设备的加速折旧	-800

资料来源：澳大利亚财政部网站。

二、西方国家或有债务管理概述

政府贷款担保属于政府的或有债务，将或有债务纳入预算或公布专门的报告是西方发达国家的有益探索。西方国家对或有债务信息的公布大致有三种方式：一是在预算附表中公布或有债务信息，但并不包含于预算正文中。这种方式下信息不经过表决，但是仍可以为使用者评价政府决策提供参考。二是编制平行预算，如美国、荷兰、匈牙利等国家。平行预算和一般预算一样，明确政府的义务，在未清偿的债务进行限额管理。美国 20 世纪 80 年代就是对担保贷款用平行预算的方式公布信息。平行预算包含所有的或有负债信息很困难，于是荷兰和匈牙利把部分或有债务项目加入预算程序，明确规定了贷款担保的准备金额度，并将其引入预算中加强财政预算管理监督。三是或有债务报告，如新西兰等国家。次于或有债务预算的做法是设置专门或有债务报告。新西兰率先采用了此方法，并于 1994 年颁布的《财政责任法案》中明确要求政府每年或每半年的财政报告中要包含或有债务报告的内容。这样的做法对监督政府或有负债，保障政府财政状况非常有必要。该法案同时规定包括或有负债报告在内的政府财政报告必须在互联网上公布并提交议会审批❶。

（一）美国或有负债预算管理概述

美国对政府债务同样以预算为约束，编制债务预算并进行债务上限管理。美国联邦政府债务有直接债务和或有债务。其区分主要依据于债务发生的可能性，主要的或有债务是贷款担保，如住房和教育。在美国或有债务是和承诺一起汇报的。

联邦政府（担保方）与金融机构（提供贷款方）之间是以担保承诺为前提的平等合约关系。联邦政府每年贷款和担保数据在财务报表（资产负债表）中以贷款担保负债科目报告，除此以外，政府还提供更为详细的表外信息，以财务报表附注形式列报，披露由贷款和担保等政府承诺引起的未来政府承诺与义务（见附录三），这些信息每年根据实际评估一次。联邦政府对担保负债的认定条件有两个：其一是提供担保事实的发生，其二是未来可能收不回贷款资金现值的可计算性。1990 年，《联邦信贷改革法案》颁布实施，该法案要求联邦政府在其财务报告中必须计量、评估、提前预算贷款担保成本，否则不予担保承诺。美国联邦政府对贷款和担保额的预算采用的是权责发生制基础上的现值法。从 1992 年开始，这一基础从现金流量转到补助金成本上，并以法律的形式明确。

（二）加拿大政府贷款或担保类或有债务管理概述

加拿大政府以控制和管理财政风险为目的，明确规定了政府在预算管理

---

❶ 马骏（德意志银行）：“对地方财政风险的监控：相关的国际经验”，政府间财政关系与地方财政管理国际研讨会（财政部与世界银行发展学院共同主办）会议论文，2001 年 11 月。

中遵循法定的原则。加拿大联邦政府于20世纪80年代制定了关于预算管理的法案《联邦责任法案》和《财务管理法案》。其中《联邦责任法案》为了加强政府管理问责，明确规定包括预算执行情况等在内的预算信息必须面向公众予以公开；为强调审计机关职责，明确规定中期宏观经济与财政预测、负债、财政政策目标、财政规则、主要财政风险、财政可持续性分析、会计准则、支出估算的格式和内容等综合信息必须在预算文件或背景资料中反映。1985年颁布的《财务管理法案》明确规定政府部门账户中要清晰显示政府资产以及直接和或有债务情况。

对担保预期成本（或有债务补助成本）进行预算是加拿大政府控制或有债务的另一个方法。从2002年开始加拿大联邦政府全面实施权责发生制会计准则，并对担保实施年度支出按照担保预期成本净现值进行预算。加拿大政府通过收取担保费或者监督拨款数额减少等方式提前准备。加拿大政府规定银行至少要承担与任何违约有关的净损失的15%的承担贷款和担保风险，以此约束银行对地方政府债务风险的严格评估。

（三）澳大利亚债务管理概述

澳大利亚政府于1998年颁布实施了《预算诚信章程法案》，该法案明确规定，对财政有影响的财政风险声明必须包含在预算和财政展望报告中，具体包括或有债务、公开承诺和目前的诉讼等。同时会对政府政策长期（40年）可持续性进行评估。

澳大利亚对政府债务实施严格的预算管理，无论是联邦还是地方政府都建立了完善的政府债务报告制度。澳大利亚地方政府必须在其政府预算报告中准确无误地体现借款委员会批复的借款分配和调整情况。澳大利亚会计标准体系和政府财务标准体系共同构建了预算报告应遵循的原则，其中会计准则体系要求政府债务、贷款、租赁、抵押、透支款项和其他负债必须在预算报告中全面反映；而政府财务标准体系要求政府必须在预算报告中反映某一时间点上政府拥有的资产、负债及净资产的数量、组成及价值变动情况。

三、西方国家央行准财政活动管理概述

中央银行的主要责任是实现货币目标。在许多国家，中央银行的责任得

到界定，以便确保在适当责任感的框架内赋予其尽可能多的自主权。在韩国，《中央银行法案》禁止韩国银行直接为财政赤字进行融资，中央银行的主要责任是实现价格稳定的货币目标。

法国中央银行的独立性由立法保障。自 1993 年 8 月始，法律（1993 年 8 月 4 日 93.980 号法律）明确规定法国央行独立执行货币政策。1999 年 1 月，这一职责移交给欧洲中央银行（ECB）。根据《欧洲经济和货币联盟条约》，法国央行负责货币市场的监管以及支付系统的正常运作和安全。法国央行拥有国库账户，代表财政部负责国债的买卖和发售工作。

美国中央银行即美联储，根据《联邦储备法案》，“美联储独立行使货币政策，只需对国会负责，不对政府负责”，可见，美国中央银行直接对国会负责，具有较强的独立性，仅在商业银行流动性危机或支付困难时承担短期融资职责。美国央行对金融机构的破产救助，由政府通过立法手段，动用财政资金解决。

四、其他国家准财政活动概况

（一）捷克准财政活动概况

捷克属于典型的转型期国家。国内的准财政活动主要表现在两大领域[1]：

一是在银行领域。捷克集中处置银行 Konsolidacni Banka，是一家国有开发和发展银行，负责给企业和金融机构提供贷款，同时还持有多家政府担保公司的股权。其业务不在政府账户中反映，但其损失却由国家弥补（以预算的形式）。除了捷克集中处置银行，还有其他一些机构（如捷克出口银行），也主要从事财政活动。这些机构，尤其是捷克集中处置银行，被认为是捷克共和国准财政活动的主要来源。

二是一些担保支持基金项目。农业担保支持基金隶属于农业部，但政府对此具有隐性担保的义务。尽管这一基金或类似基金由相关部委报告，不包含在财政账户内，但其活动都是财政性质的。政府正在考虑如何将这些基金活动全部纳入财政账户。

---

[1] 参见 http：//www. imf. org/external/np/rosc/cze/上的捷克共和国《标准与守则遵守情况报告》，财政透明度模板。

在建立或有债务核算和报告体系国家中，捷克的平衡预算是为数不多的国家之一。机构借款和现金预算外进行又是捷克一大特色。根据世界银行和财政部的估计，1998 年捷克的隐性债务约占国内生产总值的 13%，并且预计会以非常快的速度增长。隐藏债务有两种类型。一是对政府支持发展项目的国家担保。1998 年底，经风险调整后这些担保总额占 GDP 的 6%（未经风险调整时，占国内生产总值的 16%）。这些担保的年度补贴部分约占国内生产总值的 1.5%。二是在转型过程中，通过信贷和直接购买的公共部门和银行不良资产。据估计，短期债务存量大约占 GDP 的 7%。

但是，捷克的政府预算文件中并不报告税式支出，尽管欧盟要求对行业的税收优惠进行监控和报告。

（二）瑞典准财政活动概况

在国际货币基金组织公布的瑞典《标准与守则遵守情况报告》中，财政透明度模块明确提到瑞典政府要提供政府担保和税收支出报告。上一财政年度政府担保和存款保险的情况应单独向议会报告，并包含在预算法案中。年度税收支出估计自 1996 开始，在《春季财政政策草案》中以附件形式公布，1998 年后包含于年度预算法案中。国家债务办公室（RGK）每周都要报告中央政府资产和负债的交易信息。

在瑞典，1997 年 5 月《瑞典中央银行法案》的修改确立了央行维持价格稳定的中期目标，并建立了一个双层董事会结构，赋予执行局更大的自主权。瑞典中央银行采取完全独立的货币政策，不承担准财政活动。

第二节　中国准财政活动管理改革的思路

在中国，准财政活动是客观存在的，然而管理不到位的问题突出。审计署《国务院关于 2017 年度中央预算执行和其他财政收支的审计工作报告》中，明确指出税收支出政策管理不到位，缺乏后续管理机制；由于税收优惠政策定期评估机制缺失，造成政策调整和执行效果的无法掌控。例如，由于固定资产加速折旧政策覆盖面未能涉及新能源、新材料等新兴产业，造成 2017 年享受固定资产加速折旧政策的国税征管制造企业数仅仅为 1.71 万户❶。

借鉴国际上准财政活动的管理经验，朝向预算为妥善管理准财政活动提供了最佳实践。西方国家，尤其是经济发达国家，大都建立了严格的准财政活动预算制度，相应的准财政活动或单独预算或纳入综合预算。预算制度的完善，约束了政府的行为；也提高了政府行为的绩效。尽管中国已经开始探索准财政活动预算管理制度，准财政活动的计量也开始起步，但是中国准财政活动的报告和披露机制还不完善，预算执行还缺乏规范性，将准财政活动真正纳入预算管理还需要很长一段路。

一、加强准财政活动立法，以法律约束政府的准财政活动

很多国家对准财政活动有法律上的约束，如美国的《国会预算法案》、法国的《财政法案》、德国的《促进经济稳定与增长法》等都要求管理准财政活动，并指出了具体做法，包括政府是否有义务提交税式支出报告、或有债务风险如何披露等。在中国，尽管新《预算法》在预算管理的完整、公开和透明等方面有了很大的进步，但缺乏实施细则，操作性差，而且针对准财政活动报告没有明确的规定，更没有专门的立法。借鉴国外的一些做法，应加强准财政活动立法，以法律约束政府的准财政活动。

（一）进一步完善中国的《预算法》

尽快落实修订后的《中华人民共和国预算法实施条例》，强化人大职责，提升预算透明与公开，尽早满足预算法定、民主、公开原则。为保障准财政活动纳入预算法律不再是一纸空文，需尽快完善预算法制进程。

（二）制定准财政活动管理法

在宪法和《预算法》的指导下，借鉴其他国家的做法（表 6-4）尝试制定准财政活动管理法。明确政府每年向人大提交准财政活动报告的法律义务，并规定准财政活动报告的内容。考虑国情实际，目前可采用单独报告形式提交人大，暂不作为政府预算报告的一部分，但作为人大审批支出的依据。在后期经验丰富，条件具备后准财政活动报告可作为预算报告的附件，单独公布，最终实现纳入预算报告的目的，实施全口径预算管理。

---

❶ 数据来源：中华人民共和国审计署网站，http：//www.audit.gov.cn/n5/n26/c123614/content.html。

表 6-4　税式支出报告有立法要求的典型国家案例

国家	立法要求	具体法律	预算要求
美国	法定义务	1974 年的《国会预算法案》要求每年在联邦预算中提供税式支出报告	作为政府预算的一部分，但未完全纳入正规预算程序
法国	立法要求	1980 年的《财政法案》要求每年编制税式支出报告并提交议会	作为预算案的附件并入预算过程
比利时	法定义务	1989 年的预算和会计法律要求制定免税、扣除和抵免项目的年度清单并呈交议会	作为预算的附件并入预算过程
葡萄牙	法律要求	宪法和 1991 年国家财政预算结构法要求每年编制	税式支出报告明确与预算过程联系在一起
西班牙	法律要求	宪法第 1342 条与预算法规定，每年的预算须提供税收制度中的税式支出项目资料	税式支出报告明确与预算过程联系在一起
澳大利亚	立法要求	1998 年的《预算诚信章程法案》要求每年公布	作为常规预算循环的一部分，与年度中期预算总结一同或之后公布
德国	法定要求	1967 年的《促进经济稳定与增长法》要求对联邦财政补贴和税收优惠发展情况每两年作一次报告	作为预算文件——“联邦财政补贴”报告的一部分进入预算过程

（据楼继伟，2003）

二、建立标准化的准财政活动计量和报告体系

准财政活动的计量、报告（披露）和预算管理是相辅相成的。计量是报告和预算管理的先决条件，无计量无以报告和管理。由公开报告带来的公开审查压力，能确保准财政活动得到适当的计量和管理。报告还意味着政府在评估政策可持续性和既定的政策目标时，有义务面对和考虑政府的“预算外”活动。同时，健全的管理有利于政府报告机制的完善，尤其是不利于公

众或国外投资者的信息。

（一）计量机制常态化、规范化

为了更好地发挥准财政活动的有效性，量化当前的准财政活动以及对未来的政策选择进行评估应成为准财政活动纳入预算管理的前提。实施准财政活动的各部门应每年对各类活动进行量化或提供量化的依据，及时上报财政部门。

准财政活动的计量机制应在借鉴国外经验的基础上，统一口径，根据管理的重点和目标，设计良好的指标体系并探索科学合理的计量方法。良好的指标体系有利于准财政活动信息的集成和整合，规范化的计量方法有利于判断准财政活动的优劣和趋势。

（二）提供制式的、规范化的准财政活动报告

基于妥善管理准财政活动、履行受托责任以及制定有效决策的目的，每个国家都需要提供某种形式的准财政活动报告并建立准财政活动报告制度。政府的准财政活动报告制度是以规范准财政活动报告准备、编制、披露和审计事宜的一整套制度安排和相关规定。

随着准财政活动量化机制的常态化，报告机制也应常态化。同时，对于每项准财政活动报告的内容以及设计的报表进行固化，确保每项准财政活动报告的内容详细化、制式化。

准财政活动报告要通过合适的方式向公众披露。透明化的披露机制有利于公众方便、快捷地获得需要的信息。报告的目的在于向公众披露，通过透明化的披露机制，满足信息使用者的需求。

三、将良治的基本原则融入准财政活动预算过程

（一）融入法定授权

法定授权是良治的底线，是良治的首要原则。准财政活动管理首先要满足法定授权的要求，这是民主治理的最好体现，也是依法治国的体现。如果没有法定授权，政府财政权威的合法性就要受到质疑。准财政活动消耗的是公共资源，资源的取得来自人民或广大纳税人，资源的消耗必须经过人大的授权才能合法、合理、合规。

（二）融入受托责任

受托责任机制的脆弱和模糊不清是中国准财政活动管理的主要缺陷之一。受托责任的范围应覆盖到三个层面：资源的取得（是否合法）、资源的使用（是否合规）、以及资源使用的结果（绩效）。良好的受托责任是良治的核心，亟待融入准财政活动的管理改革中。

（三）融入透明度

透明度主要反映在决策过程与公共信息的透明度方面，准财政活动预算的本质就是一个决策系统。通过该系统，政府和支出机构做出有关资源分配与使用的公共决策。预算决策与执行过程产生的大量信息，包括政府支出、债务、成本等总量信息，以及支出在各部门间、各规划间如何配置的结构性信息。通过获得这些信息，准财政活动的参与者可以了解政策目标、重点、绩效等细节。于是，作为良治支柱之一的透明度非常适合应用于准财政活动管理。

（四）融入预见性

预见性是良好治理的另一支柱。预见性就是对未来事务需要预算做出规划和安排。在政府部门和支出机构准备准财政活动能够预算时，可预见性显得尤为重要。预见性的缺乏，会导致未来可得的公共资源流量具有高度的不确定性，政府部门和支出机构不可能编制和呈递高质量的预算。

（五）融入公民参与

公民参与也是保障问责的一项机制。准财政活动的对象是人民大众。如果没有人民大众的参与，政府活动会迷失方向。预算过程需要几乎所有方面的参与。利益相关者各怀目的参与预算过程，彼此经过复杂的互动，将冲突化为共识，最终形成正式的、具有法律效力的预算案。这个过程其实就是民众参与的过程。预算是民众参与的最佳舞台。预算系统能够鼓励民众参与无疑是一个最佳选择。

四、建立配套的准财政活动评估和激励约束机制

管理建立在机构的层面上。如财政部实施的税收优惠、住房建设部实施

的经济适用房政策等，首先这两个部门要定期评估准财政活动并提供评估报告。除此以外，在评估的基础上还应建立部门奖惩和绩效评价机制。

（一）引入绩效评价机制

绩效评价是准财政活动评估中最重要的工作，随着准财政活动合规性制度与程序的逐步完善，有效性成为当前管理的主要目标。绩效评价为有效性评价提供了技术指标和良好的方法。普遍认为绩效评价的基本标准是“3E（经济性、有效性和效率性）”。准财政活动绩效评价机制的构建同样需要遵循“3E”标准。以“3E”标准建立准财政活动的多角度绩效评价指标可以提供大量绩效信息，但是为避免信息混乱，绩效评价中使用关键指标也很重要。成本有效性指标和消费者满意度指标分别从内部供给面和外部需求面提供了评价准财政活动绩效的良好标尺。良好的绩效评价还要选择专业的绩效评价机构，对准财政活动的项目信息、部门信息及综合信息进行评价。

（二）建立部门约束制度

准财政活动的绩效评价重点在于执行部门的信息评价，即准财政活动实施部门的实施以及受托责任的履行情况。通过这一评价，对部门执行结果进行奖惩，建立激励约束机制。有效的激励应满足目标（利益）一致与管理努力两个条件，两者都依赖适当挂钩的奖罚机制，包括集体和个人的奖罚，也包括物质奖罚和精神激励。

五、探索准财政活动预算管理的有效路径

预算是实现管理的有效和核心工具。基于良治的准财政活动管理只有朝向预算，才能引导改革进入正规，才能避免改革偏差的风险。朝向预算的准财政活动管理改革有两个选择：一是纳入预算，二是比照预算。可根据准财政活动的类型选择不同的管理方式，但都需要满足两个前提：结构化信息和良治原则。

（一）纳入预算

纳入预算是准财政活动管理改革的有效路径之一，这一路径对于税式支出和政府贷款担保类准财政活动的管理最为适当。一方面在于这两类活动最

为普遍，而且与政府直接支出或补助支出的作用最相近，替代性最强，因此应严格按照直接支出的管理方式纳入预算；另一方面在于学术界对这两类活动的预算管理关注度较高，在发达国家也普遍存在，而且已经有了成熟的预算管理经验，可以为中国建立相应的预算制度提供借鉴。因此，这两类活动预算管理改革的路径是纳入预算 。

（二）比照预算

比照预算是次于纳入预算的另一路径，是指不纳入预算但参照预算，对于中央银行的准财政活动适合采用这一管理方式。比照预算同样需要良好的信息基础并遵循良治的基本原则。根据良治的基本原则，央行准财政活动比照预算的基本要求有：确保央行准财政活动的财务诚实和公开性，这是透明度的要求；央行准财政活动政策或规划得到适当的批准，这是法定授权的要求；对央行的准财政活动定期检查与审计，这是问责或受托责任的要求；对央行的准财政活动进行有效的公示、听证和信息反馈，这是公民参与的要求；建立央行准财政活动计量和报告制度，这是预见性的要求。

第三节　中国准财政活动管理改革的优先议程

预算的全面性原则要求计量和报告准财政活动。预算的全面性不仅是指预算文件的全面性，还包括预算程序的全面性，后者更为重要。因为预算就是程序性的活动，参与者、资源、政策都在预算程序中达到目的或参与分配和实施。尽管各国的预算程序有所不同，但好的预算程序对财政管理关键目标[1]的实现至关重要，一般有 4 个阶段：准备、审查、执行和评估审计。这 4 个阶段形成一个循环，参与者在其中承担不同的角色，资源在其中得到取得、配置和使用，政策在其中得到制定、授权和执行。可见，预算程序是现代社会最基本、最正式和最频繁的治理程序（Donald P. Moynihan，2007）。

纳入预算是准财政活动预算管理的有效路径之一，纳入预算既包括纳

---

[1] 四个目标分别是：确保预算适合宏观经济政策和资源约束（收入预测）的要求，资源分配应遵循政府政策（多收多支的“收入驱动预算”是不可取的），为良好的营运管理创造条件（要求按规定申报、执行与评估预算），以及对财政风险予以明确的考虑。

入预算过程，也包括纳入预算报告。纳入预算过程指的是从运作流程方面将准财政活动纳入预算准备、预算审查、预算执行、预算评估和审计各个阶段。纳入预算报告指的是将准财政活动的预算信息以报告或文件的形式进行呈现。准财政活动预算管理改革的优先议程在于满足良治五原则的前提下将准财政活动纳入预算，明确各阶段预算管理改革的“基本要求”和“运作流程”。

一、预算准备阶段的改革

预算准备是预算的开始，是其程序的第一步骤。预算准备工作主要由政府的行政部门主导。良好的预算准备在很大程度上决定了预算过程的质量和最终的财政成果，因此必须遵循良治的基本原则，满足良治的要求。

（一）预算准备阶段改革的重点

预算准备阶段的改革主要集中在三个方面：预算准备的时间、预算准备的程序、预算编制的范畴。

1. 预算准备的时间应延长

美国联邦政府的预算准备时间长达 18 个月、预算编制时间 9 个月，印度政府的预算准备时间也约 10 个月，而中国政府预算准备的时间往往不超过 4 个月，基层政府的预算准备时间则更短，与其他国家相比，预算准备过于仓促。

根据中国具体实际，同时兼顾国际最好做法，建议中国各级政府预算准备时间不少于 1 年，编制预算周期不少于半年。也就是说从每年一月份开始准备下个年度的预算，从每年下半年开始编制下年度以及未来 2~3 年的预算草案。鉴于准财政活动不涉及资金的直接流动，隐蔽性更高，对准财政活动预算限额更要严格论证和制定。因此建议准财政活动预算草案单独编制，且早于一般公共预算草案的编制时间。

2. 改革预算准备程序

改革当前“两上两下”的部门预算程序，放弃第一个程序（“一上”），以自下而上的方法启动预算准备程序。自上而下的方法强化了财政部门的预算编制指南，要求在预算准备的早期阶段即确定预算限额和预算政策优先性。

3. 扩大预算编制的范围

当前中国政府预算编制口径不全。全口径预算要求年度预算报告应反映政府所有的收入来源、支出、债务和财政余额，包括地方政府债务、税式支出和准财政活动。但中国预算法只规定了四本预算，地方政府债务预算、税式支出预算、准财政活动预算均未包含在内，因此应扩大政府预算的编制范围，每年向人大呈报审议的预算文件中，至少应包括一份税式支出报告书、一份准财政活动报告书、一份尽可能量化的关于政府财务风险的报告书，以便于人大代表讨论和审查。

（二）准财政活动预算准备的基本要求

1. 预算准备过程应公开透明

预算过程的透明度是财政透明度的核心。政府预算信息的透明度对于行政、立法部门和公众而言是必需品。作为基本要求，确保透明度不仅要求政府提供必要的信息，而且这些信息必须是相关和可理解的。提高预算准备阶段的透明度要求政府提供更全面的年度预算文件，包括准财政活动报告书、税式支出报告书、或有债务报告书等。

2. 预算准备过程应融入公民参与

新《预算法》第四十五条要求在审议预算草案前应当听取公众的意见。在发达国家和许多发展中国家，预算听证会和公众调查是加强公民参与预算过程的两个主要方式。原则上讲，政府作出初步预算决策后，都应举行预算听证会，听取公众的意见和建议。为确保准财政活动的透明度，在准财政活动预算准备阶段也应加强公民的参与性，将准财政活动决策的信息提交预算听证会并形成报告，作为人大审批预算草案的参考。

3. 预算文件应细化，满足法定授权的需要

新《预算法》第四十六条要求预算编制的细化：把本级一般的公共预算支出编列到项；按照经济性质把基本支出编列到款。功能性分类编列到项的还有本级政府性的基金预算、国有资本经营的预算、社会保险基金的预算支出。准财政活动也应尽可能细化到项，并且简单易懂，突出重点信息，以利于人大的审查。

4. 可预见性融入预算准备过程

可预见性作为良好治理的支柱之一，将其融入预算过程，要求预算申请者（政府整体和支出机构）在预算及预算准备过程中，能够正确预见未来，并在此基础上准备和实施预算；同时应该预先掌握预算相关的法律法规；进而可预见性融入预算全过程，并且以中期预算弥补年度预算之短视。

（三）准财政活动预算准备的主要内容

将准财政活动纳入预算过程的第一个阶段就是将其融于预算准备和预算编制范围中。准财政活动作为“隐性”政府活动，最终会影响财政资金的收入和支出，因此具有预算的含义（王雍君，2010）。准财政活动预算准备阶段的主要工作包括准备预算指南、预算申请、编制年度预算报告等。

1. 准备准财政活动的预算指南

在预算准备阶段首先需要由财政部门根据宏观经济与政策框架，准备一份详细的预算指南，以确定预算申请的指导方针、原则和技术细节，以及必须遵循的预算限额。良好的预算指南包括政策指南、技术指南和流程指南三个关键方面，是申请者制定预算的百科全书。

中国准财政活动的预算指南由财政部门（通常为财政部）制定，应为全国准财政活动预算的编制提供指导，阐明各预算单位和部门的预算限额，以及所采用的预算分类、数据口径、会计基础和预算范围等信息。

2. 提出预算申请

预算申请即申请预算的部门根据预算指南准备和提出预算申请。预算申请应包含相关的绩效信息，以证明申请的合理性和适当性。准财政活动预算申请由实施准财政活动的基层部门提出，采用自下而上的申请方式，层层上报。准财政活动的预算申请中应阐明每一项准财政活动的成本、收益、财政经济影响等绩效信息，来证明其存在的合理性。如税式支出预算由基层税务部门根据纳税人提供的数据信息分析、汇总后向上一级税务部门申请，然后层层上报，最后汇总到国家税务总局。税式支出预算申请应对每项税收优惠所造成的财政收入损失、财政经济效应进行充分论证，以判断该项政策是否适当。

3. 编制准财政活动预算报告以及财政活动效应报告

预算编制是预算准备的主要环节。将准财政活动融入预算过程也就意味着扩大现有的政府预算编制范围，在法定的四本预算[1]基础上增加准财政活动的内容。根据准财政活动的主要类别，建议在现有的预算文件中增加政府性债务预算、税式支出预算和准财政活动报告，或者至少提供一份税式支出报告书、一份准财政活动报告书和一份政府财务风险报告书。

准财政活动效应报告应作为准财政活动报告的补充文件，由准财政活动报告的编制部门一起提供。因为准财政活动具有传统财政活动的替代和补充功能，因此在效应报告中应将准财政活动与传统财政支出活动进行比较，为准财政活动的合理性提供依据，同时还要进行准财政活动的成本效益分析，以确定该项活动的有效性以及未来的财政风险的估计。

二、预算审查阶段的改革

预算审查是指为了保证预算草案的合法性，立法机关对来自行政部门的预算草案进行审查和批准。其实质是法定授权过程，是预算管理的法律基础。其有效性是人大预算监督的重要环节，国家治理的重要方面，但目前中国人大对政府预算审查的“刚性”还不够，有效性亟需提高。

（一）预算审查阶段改革的重点

在预算审批中，立法机关最关注的是全面的财务受托责任，为此应赋予立法机关以充足的手段和资源去审查政策与预算，以及赋予修改预算草案的法定权力，而中国在这些方面的差距还很大。

1. 预算审批对象方面的改革

为提高立法机关的预算审查能力，委员会应得到必要的管理信息，报送人大审查和批准的预算草案应全面、细化。如德国预算委员会要求支出部门按要求提供部门简报和支出报告，印度公共账目委员会经常收到来自审计和会计部门的部门账目报告和岁入报告。而中国，准财政活动还未纳入预算草

[1] 《新预算法》第一章 第五条规定：预算包括一般公共预算、政府性基金预算、国有资本经营预算、社会保险基金预算。

案，导致目前预算审批的对象不全面，同时提交的预算草案也不够具体，建议提高预算草案的全面性并细化分类标准。

2. 预算审批程序方面的改革

预算审批的质量与预算审批程序息息相关。中国预算审批程序分为审查和表决两个阶段。从审查程序来看，无论是人大会议前的初审还是人大的会议审查，时间都比较短[1]，很难对预算实施详细审查。而表决程序又往往采用综合表决方式，缺乏分项、分部门表决，也影响了审批的质量。建议法定预算程序中为相关委员会预留充足的时间，并推行政府预算草案的结构化审议与分项表决制度，实行预算草案分项审批、单项表决和部门预算表决，把人大预算监督真正落到实处。

3. 预算审批机构及权力方面的改革

目前中国人大预算委员会机构设置和人员配备都不足，影响了人大预算审查监督的能力。建议完善人大机构设置，建立真正实体化和常设的各级人大预算工作委员会并充实人员，提高人员业务水平，做到所有财政支出得到预算工作委员会逐笔、适时、全程审议、批复和复核。同时还要强化人大的权力，从法律上赋予人大修改和调整预算草案的权利。

（二）准财政活动预算审查的主要内容

准财政活动预算审查的重点在于建立单独的准财政活动预算审查机制。对准财政活动的预算审查包括预算总量的审查、资源配置方案的审查、准财政活动核算方法的审查等。在预算草案编制结束之后，在每年全国人民代表大会会议举行之前，财政部门将准财政活动（包括税式支出、或有债务等）预算草案的初步方案提交全国人民代表大会财政经济委员会进行初步审查。参考中央预算在人大会议前45日提交初步审查，准财政活动的初步审查应更早，最好在人大会议前两个月提交初步审查。

在人大举行会议时，全国人民代表大会和地方各级人民代表大会对准财政活动预算草案进行审查，并提出审查结果报告。具体内容见表6-5。

---

[1] 中国《预算法》第四十四条 规定国务院财政部门应当在本级人民代表大会会议举行的四十五日前，将中央预算草案的初步方案提交全国人民代表大会财政经济委员会进行初步审查。相比而言，印度预算审查的时间是75天，美国更是高达8个月甚至更长。

表 6-5　人大对准财政活动预算草案审查的内容及审查结果报告的内容

准财政活动预算草案及其报告、预算执行情况报告重点审查的内容	准财政活动预算草案及预算执行情况审查结果报告的内容
①上一年准财政活动预算执行情况是否符合人民代表大会预算决议的要求	①对上一年准财政活动预算执行情况作出评价
②准财政活动预算安排是否符合预算法的规定	②对本年度准财政活动预算草案是否符合预算法的规定，是否可行作出评价
③准财政活动预算安排是否贯彻国民经济和社会发展的方针政策，政策是否切实可行	③对执行年度准财政活动预算、改进准财政活动预算管理、提高准财政活动预算绩效、加强财政活动预算监督等提出意见和建议
④重点支出和重点投资项目的准财政活动预算安排是否适当	
⑤准财政活动预算的编制是否完整	
⑥与准财政活动预算有关重要事项的说明是否清晰	

资料来源：参考《中华人民共和国预算法（2014 年修订）》。

三、预算执行阶段的改革

预算执行是预算管理的第三个阶段，即资源被用于执行预算政策的阶段。良好的预算执行通常集中反映在执行过程的合规性和预算实施方面，遵守法定授权、反映受托责任、执行过程的公开透明和公民参与是良好预算执行应遵循的原则。准财政活动预算草案经大人审批后即进入执行阶段，准财政活动的预算执行由相关行政部门如税务部门、公共金融部门或非金融公共企业具体实施，其基本任务在于确保准财政活动执行过程的合规性和实施结果与预算目标的一致性。

（一）预算执行阶段改革的重点

确保合规性（遵循法定授权）是预算执行过程最基本的原则，但并非一成不变。特殊情况（如重大的意外变故）除外，预算的优先性和政策目标不得改变。然而，实际中预算约束不严，预算执行不规范等问题明显。因此，硬化预算约束、提高预算执行的质量是预算执行阶段改革的重点。

1. 硬化预算约束、规范预算修订

由于预算制定与执行环节的分离以及政府对高风险活动的参与（如政府贷款担保），预算调整不可避免。然而中国预算调整频繁且不规范，“一年预算、预算一年”的现象突出，因此应严格预算修订程序，定期审查预算实施，减少修订的频率和数额，硬化预算约束。

2. 提高预算执行的质量

预算执行的质量取决于预算达成政府政策目标的程度，因此良好的预算执行应确保预算执行结果与预算初衷的一致性。拥有立法机关的清晰授权是预算执行首先要遵守的原则，该原则对跟踪和控制预算执行尤为重要。预算执行过程中支出总量的控制、资源配置的效率、营运效率以及由于实施所形成的财政风险也是在预算执行过程中特别需要关注的问题。通过加强支出控制和支出管理提高效率，确保预算执行真实、准确，是提高预算执行质量的主要手段。

（二）准财政活动预算执行的主要内容

准财政活动的预算执行的过程即预算经立法机关批准后，预算资金从国库进入最终收款人的过程。为保证准财政活动预算执行的有效性，一方面要对项目执行过程进行合规性控制；另一方面通过加强审计系统和报告系统，对准财政活动的预算实施进行计量、报告和定期审查，编制执行情况报告并及时反馈问题。

1. 加强支出控制以确保准财政活动预算执行同预算中阐明的政策之间的一致性

支出控制应覆盖支出周期的每个阶段：及时拨付资金；现金计划应与预算授权相一致，并考虑后续年度的支出承诺；在支出周期的每个阶段都实施有效的支出控制和充分的预算监督；对记录交易的会计程序做出清晰的界定；适当的现金管理；采取适当的措施以防止拖欠的发生。

2. 提高预算执行的效率

提高预算执行的效率包括对支出项目间的资源转移采取有弹性的规则；拨款年度间递延应通过授权进行，但递延的程序应加以管制；在赋予支出机构管理灵活性的同时，强化审计和报告程序。

四、预算控制、评估和审计阶段的改革

预算控制、评估和审计是预算循环的最后阶段，也是反映政府活动受托责任，促使财政透明度提高的重要手段。加强预算控制、评估和审计重点在于通过良好的控制系统、评估报告和审计报告提高预算执行的效率，为政策和预算的制定提供良好的信息，以便将评价结果应用于下一步的预算分配。

（一）预算控制、评估和审计阶段改革的重点

1. 预算控制改革的重点

预算控制既包括投入控制和产出控制，也包括内部控制和外部控制。由于信息障碍和角色等方面的原因，传统的外部控制模式（建构于正式的预算程序与规则基础之上）往往导致预算执行的结果与预算初衷相背离，由外部控制转向内部控制（支出部门在投入控制方面有广泛的自由裁量权）以及产出控制（注重预算过程的产出或绩效）成为目前预算控制改革的方向。

2. 预算评估改革的重点

预算评估通常是在规划层面的评估，也包括对构成规划的主要活动的评估。支出部门的预算评估旨在通过科学的方法，了解政策和规划所产生的效应，这对改进资源分配决策、促进预算效率极为重要。

3. 预算审计改革的重点

预算评估和预算审计是预算过程事后受托责任阶段的关键成分，也是预算周期的最后阶段。审计不同于评估，审计的最终目的在于促进政府对立法机关和公民的受托责任，因此，审计是民主受托责任制中最基本、最正式的制度安排，审计报告必须公开。

（二）准财政活动预算控制、评估和审计阶段的主要工作

1. 准财政活动的预算控制

准财政活动的预算控制首先要确保外部控制（预算实施的合法性、适当性），养成自觉服从正式预算规则和程序的良好习惯。在此基础之上，逐步转向内部控制和旨在增强营运效率和有效性的产出控制。

准财政活动预算内部控制的主要职责包括对准财政活动的执行进行必要的监督和监控，对准财政活动成本——效益的评价，以及准财政活动风险的控制。

2. 准财政活动预算的评估

准财政活动的预算评估，首先要采用科学的方法对准财政活动所产生的经济效应进行确认和计量，而后对政府实施这项活动所付出的成本以及未来可能产生的财政风险进行量化，为政策制定者提供所需要的信息，以便改进决策和配置资源。同时还要将准财政活动的绩效标尺进行分解细化，以便将预算评估的结果与规划的预期目标进行比较。

一般而言准财政活动的预算评估报告应该包括以下内容：资源和收益类型的评估；资源的使用和分配情况的评估；成本效益的评估；对经济影响的评估；政策选择和优先支出合理性的评估；资源是否依据法定的预算及其他法律和相关授权的评估。

3. 准财政活动预算的审计

准财政活动的预算审计由独立的审计机构进行单独审计。审计的核心是信息的质量，即信息是否公允地为反映的绩效提供合理保证。《财政透明度守则》要求公开承诺及时公布财政信息。“财政信息”一词暗含质量的概念。对准财政活动的要求或审计亦是如此，重点审计财政数据的一致性和协调性。一致性是指内部一致性审计；协调性是指与其他数据的协调性审计。

具体而言，准财政活动的预算审计主要是对准财政活动计量与准财政活动报告的审计。对准财政活动计量的审计主要包括输入的数据是否可靠、准确；计量的方法是否科学、合理；计量的结果与实践是否相符。对准财政活动报告的审计主要是审计报告的质量；报告是否满足使用者的需要；报告是否容易获得并通俗易懂；报告能否促进公众对准财政活动执行结果的理解。对于准财政活动计量指标与报告审计的目的在于判断准财政活动是否合规（拨款是否得到适当使用以及是否如实报告资金使用情况），以及准财政活动的绩效如何（准财政活动支出的经济性、营运效率以及政策规划的有效性等）。

本章小结

国外尤其是西方发达国家准财政活动的管理不仅有法律依据，预算管理也比较完善，准财政活动报告或纳入预算综合报告或单独报告。借鉴国际经验，中国准财政活动管理改革的最佳实践就是朝向预算。鉴于中国尚处于探索阶段，准财政活动的管理改革可从准财政活动立法、建立标准化的计量和报告体系、将良治的原则融入预算过程、建立绩效评价和审计报告、探索预算管理的有效路径 5 个方面完善。准财政活动管理改革的优先议程是纳入预算，尤其是纳入预算过程。纳入预算过程为现代社会提供了最基本、最正式和最频繁的治理安排。纳入预算过程要求在良治的基本原则和要求下，将准财政活动信息融入整个预算程序。

第七章　中国生态环境财政治理及税式支出

生态环境部、发展和改革委员会、工业和信息化部、住房和城乡建设部、交通运输部、农业农村部与能源局在2022年6月发布的《减污降碳协同增效实施方案》中提出，与发达国家基本解决环境污染问题后转入强化碳排放控制阶段不同，当前中国生态文明建设同时面临实现生态环境根本好转和碳达峰、碳中和两大战略任务，生态环境多目标治理要求进一步凸显，协同推进减污降碳已成为中国新发展阶段经济社会发展全面绿色转型的必然选择。财政是国家治理的基础和重要支柱，在生态文明建设和“双碳”进程中扮演重要角色，绿色财政通过税收、财政支出和补贴等方式，惩罚环境污染行为，给予绿色发展相应补偿和激励，引导市场主体向低碳、低污染方向前进，为生态文明建设和“双碳”目标提供长期政策支持。生态环境财政治理理论和制度的完善已成为保护环境、促进生态文明建设的根本举措，本章通过梳理中国生态环境财政理论的发展演进以及当前生态环境财政制度的主要内容，分析中国生态环境财政政策的成效和存在的问题，特别是识别生态环境领域准财政活动的主要表现及管理中的缺陷，以期为中国生态环境准财政活动管理改革提供思路和借鉴。

第一节　中国生态环境财政制度的现状与问题

诸多迹象表明，生态破坏和环境污染已经成为制约中国经济高质量发展和人民对美好生活追求的重要因素，以可持续发展理念为基础的生态环境治理思想应运而生。在中国，随着环境保护基本国策的确立以及生态文明建设重要战略地位的提出，更加凸显了生态环境治理的重要性。本书通过梳理中国生态环境财政治理的理论和制度演进、剖析当前中国生态环境财政政策的现状和问题，为中国生态环境财政政策的制定和完善提供建议和参考。

一、中国生态环境财政理论和制度的发展演进

公共产品理论和外部性理论构成了生态环境财政理论的两大基石。生态环境是典型的公共产品，习近平总书记的生态文明思想强调“良好生态环境是最公平的公共产品，是最普惠的民生福祉。”生态环境污染的负外部性和生态环境保护的正外部性表明生态环境具有明显的外部性。西方国家对生态环境财政理论和制度的研究和实践都早于中国。20 世纪 20 年代“庇古手段”的提出成为西方主流生态环境财政理论的滥觞，在近百年历史中，一直存在市场主导的“科斯手段”和政府干预为主的“庇古手段”之争，各个国家在政策选择上也各有重点，但财政政策制度，尤其是税收手段，无疑是各国生态环境领域政府治理的重要举措之一。

中国的生态环境财政理论发轫于 20 世纪 70 年代中国参加联合国第一次环境大会，之后经历了从无到有、从碎片到系统、从政府主导还是市场主导的争论到多元主体共享共建的发展历程。与此同时，中国的生态环境财政制度围绕财政收入、财政支出和财政转移支付，从微观、宏观、公共财政、准公共财政等层面，历经了忽视生态环境因素—纳入生态环境因素—生态环境因素扩容增质—生态文明建设上升到重大战略地位的跨越式演进，逐步形成了生态环境财政收入制度、生态环境财政支出制度和生态环境财政转移支付制度。

（一）中国生态环境财政理论的发展演进

1. 中国生态环境财政理论萌芽时期

中国的生态环境财政理论萌芽于 20 世纪 80 年代。在此之前人们对生态环境问题不重视，财政政策几乎不涉及生态环境领域。1972 年中国参加联合国环境大会后，开始意识到生态环境问题的重要性，但由于政府财力有限，生态环境领域财政支出少之又少。直到 20 世纪 80 年代生态环境财政的概念提出后，人们开始有意识地关注环境保护和生态治理的问题，有关生态环境财政理论的研究和实践开始萌芽，但此阶段更多的是呼吁。

2. 中国生态环境财政理论发展时期

20 世纪 80 年代至党的十八大前是中国生态环境财政理论的发展时期。

随着改革开放进程的加快，西方国家生态环境治理的思想逐渐传入中国，中国理论界对生态环境治理的问题展开了诸多争论。面对生态环境的公共性和外部性，英国经济学家庇古认为“庇古税”从理论上能解决生态环境领域市场失灵问题，政府主导的思想一度占据上风，“科斯手段”受到理论界的青睐。总之，此阶段生态环境治理的理论一直在“科斯手段”与“庇古手段”间寻求平衡，生态环境公共财政工具如投资、征税等，以及一些准财政工具如税收优惠、投资抵免等不断丰富和完善。

3. 中国生态环境财政理论黄金时期

党的十八大“五位一体”理念的提出，开启了生态环境财政理论的黄金时期，生态环境治理更加重要而紧迫。生态环境财政理论也不再局限于政府主导还是市场主导的争论，而是朝向治理主体多元化、治理手段多样化转变。党的十九大提出“构建政府为主导、企业为主体、社会组织和公众共同参与的环境治理体系”；党的二十大将“人与自然和谐共生的现代化”上升到“中国式现代化”的内涵之一；在2023年全国生态环境保护大会上，习近平总书记强调生态环境保护必须坚持系统观念、协同治理。与此同时，面对生态环境公共产品和公共服务“不平衡”“不充分”的问题，生态环境财政政策理论和准财政政策理论更加兼顾均衡可及。

（二）中国生态环境财政制度的变迁

生态环境财政制度是财政在生态环境领域进行的收入、支出及转移支付活动，其目的在于保护生态环境和自然资源，引导经济实现绿色发展。从生态环境财政制度的发展变迁来看，中国生态环境财政制度体系主要包括：生态环境财政收入制度、生态环境财政支出制度和生态环境财政转移支付制度。生态环境财政收入制度体系主要包括：环境税费、绿色税种以及融入型环境收入；生态环境财政支出制度体系既有一般公共预算环境支出和专项资金，也包括准财政支出；生态环境财政转移支付以一般转移支付中“绿色”因素为主，辅助专项转移支付和横向转移支付。

1. 中国生态环境财政收入制度的变迁

20世纪80年代初期中国生态环境财政收入方面主要以排污费为代表，但是在地方政府以GDP为绩效考核指标的模式下，排污费收取强度低，对环境保护、污染减排的效应不明显。1985 年工商税制改革，新开征资源税、城市维护建设税、土地使用税和车船使用税，税制体系中出现了与生态环境相关的税种，融入型环境税费制度开始形成。之后，环境税费政策逐渐完善，各税种“绿色条款”因素越来越多。党的十八大以来，随着“市场在资源配置中起决定性作用”指导思想的确立，生态环境收入体制上又有了许多新变化和发展。2013 年十八届三中全会决定强调，推动环境保护费改税，为环境保护税的开征奠定了基础。自 2018 年《中华人民共和国环境保护税法》实施起，中国已逐步形成以环境保护税为主体，以资源税、消费税、耕地占用税等具备环境保护性质的绿色税种为重点，以降碳、减污、扩绿、增长四方面绿色税费优惠政策为辅助，覆盖资源开采、生产、流通、消费、排放多环节的具备中国特色的绿色税收体系（图 7-1）。

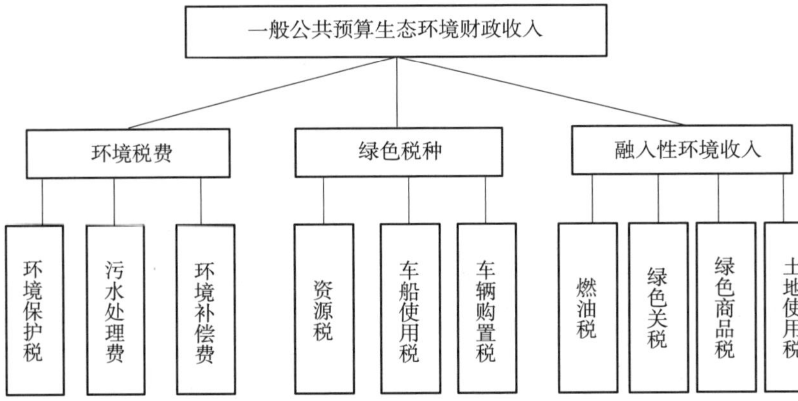

图 7-1　一般公共预算生态环境财政收入

2. 中国生态环境财政支出制度的变迁

生态环境财政支出方面，立足生态环境的公共品特征、环境基本公共服务的均等化要求，在环境基础设施、环境污染治理、环境监督监察等服务方面，强调政府环境支出的责任、结构和效率，不断加大生态环境财政支出的内容（图 7-2）。一是设立环保专项资金。2004 年财政部设立中央环境保护专项资金，专项资金的范围涵盖了专项能力建设、自然保护区专项资金、农村环境保护、重金属污染防治等众多领域。二是在国家预算科目体系中设立“211 环境保护”类级科目。2006 年“211 环境保护科目”

首次纳入国家预算科目收支体系，其下分设10款，包括：环境保护管理事务、环境监测与监察、污染防治、生态保护等，并于2007年1月1日实施，环境保护有了一般公共预算支出保障。三是生态环境准财政支出制度。鼓励运用税收优惠、财政补贴等手段和方式，创新生态环境财政支出机制，支持环保产业的发展，推进环境污染第三方治理。如2008年开始在全国范围内推行“政府绿色采购”，完善节能环保产品政府强制采购和优先采购制度等，支持绿色环保产品生产；对环境污染第三方治理机构加大税收优惠、财政补贴力度，解决第三方治理企业融资难、融资贵问题，提升环境服务水平和质量。

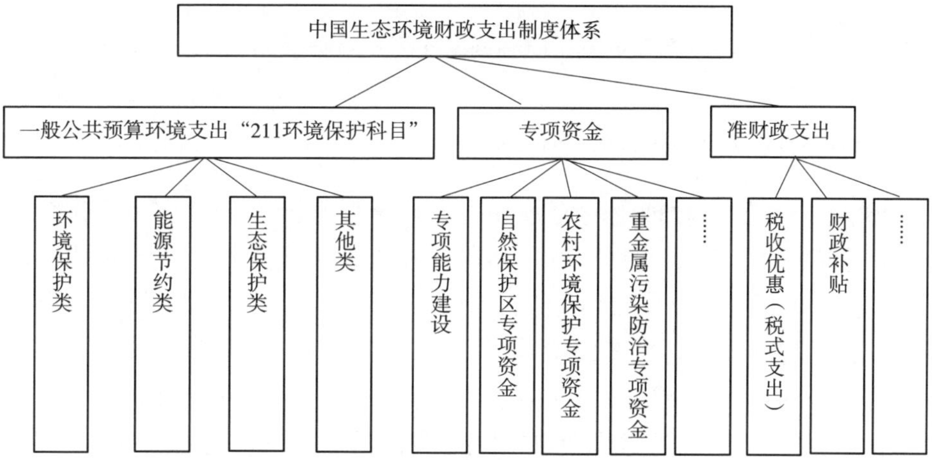

图7-2　中国生态环境财政支出制度

3. 中国生态环境财政转移支付制度的变迁

1994年的分税制改革初步建立了政府间财政转移支付制度，经过20年的发展完善，转移支付的内容、范围、名称等几经变化，初步形成了以一般性转移支付为主、专项转移支付为辅的转移支付制度框架。生态环境财政转移支付制度主要表现为：一是一般性转移支付中“隐性”“显性”绿色因素，包括退耕还林还草转移支付、资源枯竭城市转移补助和国家重点生态功能区转移支付。2008年，中央财政出台国家重点生态功能区转移支付政策，近年来国家重点生态功能区覆盖范围逐步扩大，生态环境转移支付补偿制度更加完善。二是专项转移支付和横向转移支付中纳入“绿色因素”（图7-3）。

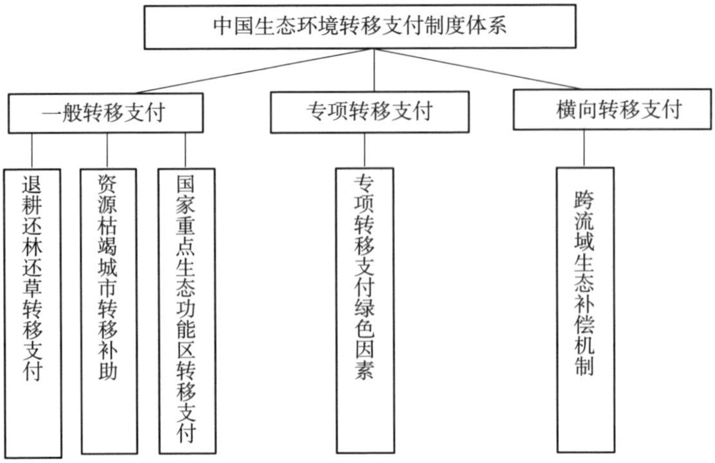

图 7-3　中国生态环境转移支付制度体系

二、中国生态环境财政制度现状

随着生态环境财政理论的完善和生态环境财政制度的发展，中国生态环境财政收支取得了明显成效，生态环境财政收支规模不断扩大，但由于主要的制度建设基本上起步于 21 世纪，直到 2004 年才设立中央环保专项资金，2005 年国务院提出建立生态环境补偿制度，2006 年国家预算收支科目体系中设置“环境保护”类级科目，2008 年实施生态功能区转移支付制度，2018 年开征环境保护税，生态环境保护方面的法律法规也大都是近些年颁布实施的。中国生态环境财政理论和财政制度建设中还存在很多不足，生态环境领域公共财政工具和准财政工具管理仍存在大量问题。

（一）中国生态环境财政收入现状

中国生态环境财政收入主要指中国与生态环境有关的税收收入。目前中国与生态环境有关的税种主要包括环境保护税、资源税、城镇土地使用税、耕地占用税、车船税、车辆购置税和城市维护建设费。环境保护税（2018 年前为排污费）主要对大气污染物、水污染物、固体废物和噪声征税，是专门用于控制和治理污染的税种，其他税种环境保护的具体作用不同，但都体现了节约资源、保护生态环境的特点。

1. 中国生态环境税收规模分析

表 7-1 可以看出，无论中国 7 个环境税种收入还是国家税收收入、国家

财政收入、GDP 都呈现了不断增长的趋势，说明中国经济的发展带动了财政收入、税收收入以及环境税税种收入的增加，经济发展与生态环境保护同步协调。环境税种收入、国家税收收入、国家财政收入、GDP 的年均增速分别为 11.83%、9.29%、9.87%和 7.29%，生态环境类税收的增速最大，说明中国在保持经济增长速度的同时，更加注重对生态环境的保护，通过环境税收增加社会环境成本，倒逼企业、居民绿色生产、绿色消费，经济增长的“绿色化”程度、财政收入的“绿色化”程度逐步提高。从 7 个环境税种占国家税收收入和国家财政收入的比例来看，均以 2014 年为拐点，呈现出先上升后下降的趋势，但整体占比基本保持稳定。从专门控制和治理环境污染的环境保护税占 7 种环境类税收的比例来看，近年来占比仅为 1.50%左右，说明中国这一税种的征收范围、征收比例还有待扩大。

表 7-1　中国环境税种占比情况

年份	环境税种收入合计/亿元	国家税收收入/亿元	国家财政收入/亿元	GDP/亿元	环境税收占国家税收收入比例/%	环境税收占国家财政收入比例/%
2007	3135.75	45621.97	51321.78	270092.30	6.87	6.11
2008	4088.04	54223.79	61330.35	319244.60	7.54	6.67
2009	4970.19	59521.59	68518.30	348517.70	8.35	7.25
2010	6409.39	73210.79	83101.51	412119.30	8.75	7.71
2011	8209.71	89738.39	103874.43	487940.20	9.15	7.90
2012	10003.28	100614.28	117253.52	538580.00	9.94	8.53
2013	11219.37	110530.70	129209.64	592963.20	10.15	8.68
2014	12393.00	119175.31	140370.03	643563.10	10.40	8.83
2015	12739.69	124922.20	152269.23	688858.20	10.20	8.37
2016	12824.79	130360.73	159604.97	746395.10	9.84	8.04
2017	14002.08	144369.87	172592.77	832035.90	9.70	8.11
2018	14611.05	156402.86	183359.84	919281.10	9.34	7.97
2019	14827.67	158000.46	190390.08	986515.20	9.38	7.79
2020	14361.42	154312.29	182913.88	1013567.00	9.31	7.85
2021	15440.25	172735.67	202554.64	1149237.00	8.94	7.62
2022	15627.64	166620.10	203649.29	1210207.20	9.38	7.67

数据来源：国家统计局网站。

2. 中国生态环境税收结构分析

中国生态环境税种的收入结构及变化趋势如图 7-4 所示。2007—2022年，中国环境保护税（排污费）、资源税、城镇土地使用税、耕地占用税、车船税、车辆购置税和城市维护建设费 7 个税种总额由 2274. 35 亿元增加到15627. 64 亿元，年均增速为 11. 83%，说明中国自党的十七大首次提出“生态文明建设”后，生态保护和环境污染防治越来越受重视，涉及生态环境的税种也不断完善。从占比来看，7 个税种中城市维护建设税占比最高，说明国家非常重视城市环境卫生、城市绿化等基础设施的建设和完善。从变化趋势来看，除耕地占用税先升后降外，其他 6 个税种基本都是不断增加的趋势。其中，车船税增长速度最快，从 2007 年的 68. 16 亿元增加到 2022 年的1071. 96 亿元，年均增速达 22. 14%。其次是资源税，年均增速 20. 08%，2016 年以来增速更加明显，可能与“费改税”的加快推进有关，如将天然气、原油矿产资源费的收入纳入资源税体系当中，水资源费也在多省变为水资源税进行征收管理。

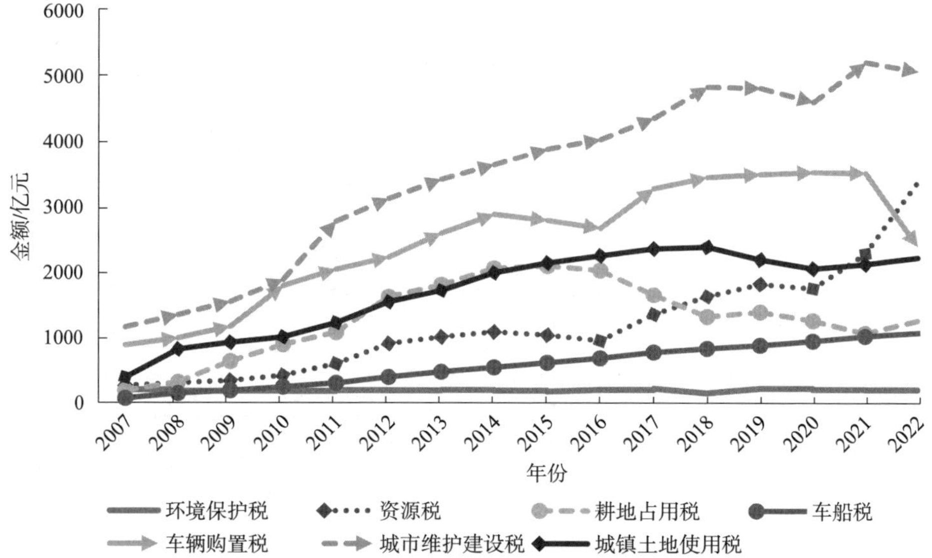

图 7-4　中国环境税种收入情况

（二）中国生态环境财政支出现状

生态环境财政支出是指政府在生态环境保护与修复、资源节约利用、减污降碳等环境事务上的政府支出，是政府积极履行生态环境治理职能的重要实现手段。2007 年一般公共预算科目改革后，新增“环境保护支出”科目，含有 10 个款级科目、46 个项级科目，标志着中国财政环保研究进入全新阶段。2008 年起，该科目陆续新增“能源节约利用”“污染减排”等 5 个款级科目；2011 年重新更名为“节能环保支出”，更加适应中国绿色低碳发展的方向。节能环保支出也因此成为中国预算内生态环保领域财政支出的代表。同时，在生态环境领域还存在一些准财政支出活动。如鼓励运用税收优惠、财政补贴等手段和方式，创新生态环境财政支出机制、支持环保产业的发展、推进环境污染第三方治理等。这部分内容将在本章第二节专门研究。

1. 中国生态环境财政支出规模分析

从累计数据来看（图 7－5），2007—2022 年全国节能环保总支出 65792.62 亿元，年均增长率 13.07%。从年度数据来看，全国节能环保财政支出由 2007 年的 995.82 亿元增加到 2022 年的 5412.80 亿元，但支出增速很不稳定，与生态环境重大计划的发布紧密相关。如受新增 211 科目调整的影响（2008 年增加能源节约利用、2009 年增加资源综合利用），2008—2010 年

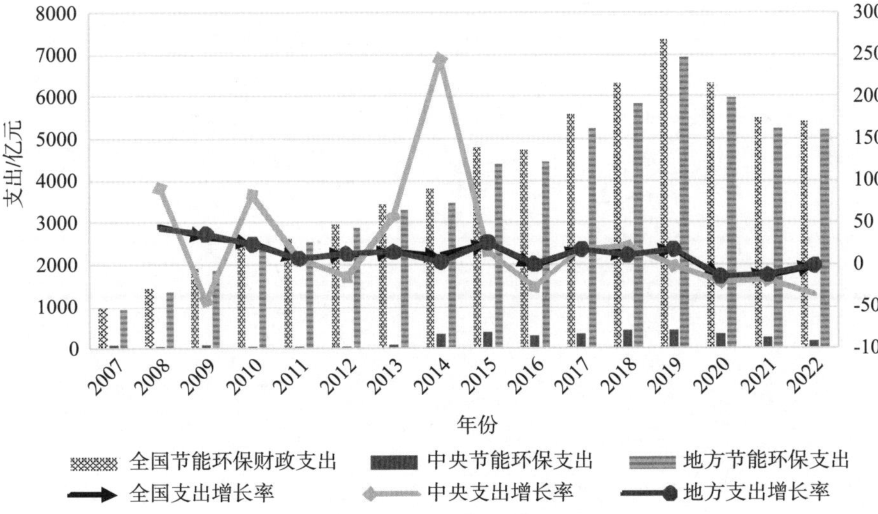

图 7-5　中国生态环境财政支出规模及增长率

出现高速增长；2013 年《大气污染防治行动计划》的发布实施、2015 年《水污染防治行动计划》的发布实施、2018 年污染防治攻坚任务的部署带动了当年生态环境支出的快速增长。2020—2022 年受新冠疫情的影响，生态环境财政支出有所减少。

从中央支出和地方支出来看，地方支出与全国总支出增长趋势基本吻合，中央支出增长率波动较大，但对全国总支出增长的影响不大，主要是因为中央支出占全国支出的比例过低，地方生态环保支出数额远高于中央生态环保支出，也表明中国生态环境治理的直接主体是地方政府。

2. 中国生态环境财政支出占比分析

从全国节能环保财政支出占财政总支出的比例来看（图 7-6），在 2019 年前基本呈上升的趋势，由 2007 年的 2%增加至 2019 年的 3.09%，2020 年后比例有所下降，但基本保持在 2%～2.6%之间。尽管这一比例有所改善，但在一般公共预算的 23 个项目中，2016 年环境保护支出占财政总支出比例的排序仅为第 21 位，2022 年一般公共预算支出 10 个主要科目中排名第 9，仅高于文化旅游体育与传媒支出，仍显“弱势”。从全国财政环境保护支出占 GDP 比例来看，2007 年仅为 0.37%，2019 年虽然上升幅度较大，但也仅为 0.75%，财政环境支出占 GDP 的比例还不足 1%，比例过低。由此可见，虽

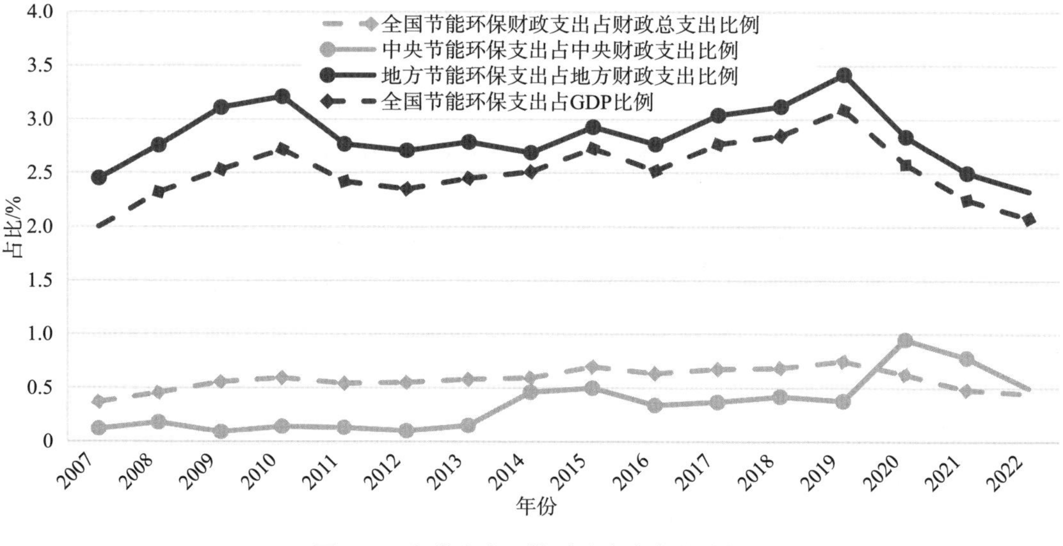

图 7-6　各类生态环境财政支出占比分析

然中国环境治理支出在不断增加，但是力度依然不够，占财政支出和 GDP 的比例过低，这会限制环境保护事业的发展上限。

从中央和地方来看，中央节能环保支出占中央财政支出的比例维持在 0.1%～0.95%之间，占比较低，波动不大；地方节能环保支出占地方财政支出比例维持在 2.33%～3.42%之间，2019 年最高。这说明地方政府环境质量考核、环保监督压力下，更加注重生态环境投入力度。

3. 中国生态环境财政支出结构分析

从一般公共预算支出“节能环保”科目的构成来看（图 7-7），生态环境财政支出主要包括环境污染防治、自然生态保护、能源节约利用、污染减排和其他等。环境污染防治占比最高，规模最大，且呈不断增长的趋势，尤其是三大行动计划的发布实施后，污染防治支出由 2013 年的 904.79 亿元急剧攀升至 2019 年的 2629.62 亿元，之后规模有所下降，但在节能环保科目中仍占比最高，2021—2022 年保持在 37%左右，说明中国生态环境支出的重点仍然是污染防治，呈现出重事后治理、轻事中控制和事前保护的现象。2013—2022 年累计规模支出位于第二的是其他环保支出，累计支出 7499.6 亿元。接下来是能源节约利用、自然生态保护和污染减排，2013—2022 年间三者累计支出规模分别为 6158.04 亿元、5039.08 亿元和 3713.52 亿元，2018 年前能源节约利用支出高于自然生态保护和污染减排，2018 年后自然生态保护增速明显，在“自然生态保护”支出款中，农村环境保护支出最高，说明国家开始重视对农村生态环境的保护工作（图 7-7）。

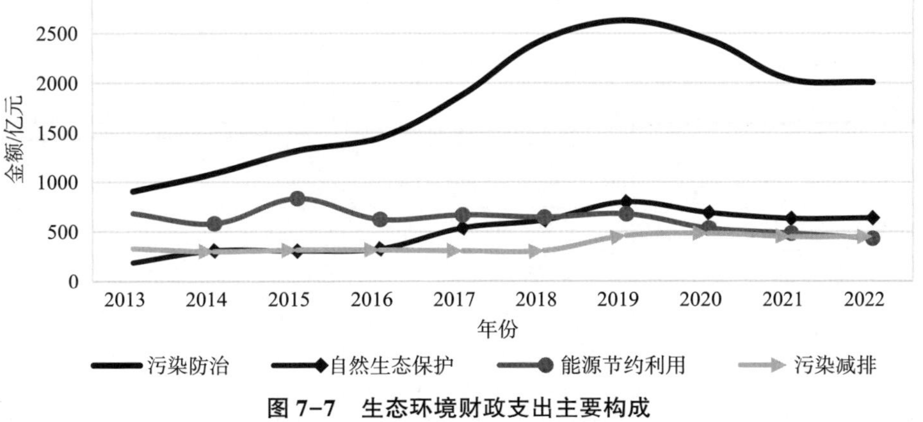

图 7-7　生态环境财政支出主要构成

（三）中国生态环境财政转移支付现状

中国生态环境转移支付指的是中央对地方转移支付中与生态环境有关的“绿色”因素的支付，其内容主要包括一般性转移支付中资源枯竭城市转移补助和国家重点生态功能区转移支付以及专项转移支付中节能环保支出。

1. 中国生态环境转移支付规模分析

2008—2022 年中国累计一般性转移支付支出 551385.74 亿元，呈现出较快的增长趋势，年均增长率 15.98%，其中国家重点生态功能区转移支付累计 7540.59 亿元，由 2008 年的 60.51 亿元增加至 2022 年的 992.04 亿元，年均增长率 20.55%，主要是因为自 2008 年国家实施重点生态功能区转移支付政策以来，覆盖范围逐年扩大，从 2008 年 230 个县增加至 2020 年 818 个，占国土面积的 53%，转移支付金额随之增加。《中央对地方重点生态功能区转移支付办法》明确，重点生态功能区转移支付用于提高重点生态县域等地区基本公共服务保障能力，引导地方政府加强生态环境保护，是典型的“绿色”转移支付。

节能环保转移支付属于专项转移支付的形式，2008—2012 年呈现出不断增长的趋势，由 974.09 亿元增加至 1934.77 亿元；2013—2018 年略有下降，但均在 1500 亿元以上，2019 年由于节能减排、林业发展等转移支付进入共同财政事权，列支在一般性转移支付中，节能环保转移支付大幅较少（表 7–2）。

表 7–2　中国一般性转移支付及绿色转移支付情况

年份	一般性转移支付 亿元	国家重点生态 功能区转移支付 亿元	节能环保转移支付 亿元	污染治理转移支付 亿元
2008	8746.21	60.15	974.09	—
2009	11317.2	—	1113.9	—
2010	13235.66	—	1373.62	—
2011	18311.34	300.00	1548.84	—
2012	21429.51	371.00	1934.77	—
2013	24538.35	423.00	1703.67	484.74
2014	27598.37	480.00	1688.29	258.44
2015	28455.02	509.00	1854.40	904.98
2016	32017.82	570.00	1687.58	883.34

续表

年份	一般性转移支付 亿元	国家重点生态功能区转移支付 亿元	节能环保转移支付 亿元	污染治理转移支付 亿元
2017	35145. 59	627. 00	1661. 65	845. 98
2018	38722. 06	721. 00	1625. 00	1090. 46
2019	66798. 16	811. 00	793. 38	676. 22
2020	69459. 86	794. 5	694. 03	613. 21
2021	74799. 29	881. 9	721. 02	662. 33
2022	80811. 30	992. 04	574. 00	464. 00

数据来源：国家统计局网站。

2. 中国节能环保转移支付的结构分析

中国节能环保转移支付包括污染防治、生态保护、节能减排、农村环境整治等，每年中央节能环保转移支付的重点有所不同，但包括大气污染、水污染、土壤污染和城镇配套管网等在内的污染治理转移支付的规模逐年增加，污染治理转移支付占节能环保转移支付的比例也不断提高，由 2013 年的 28. 45%上升到 2021 年的 91. 86%，说明近年来中央专项转移支付对水、大气、土壤专项转移支付金额不断增加，转移支付更加注重项目化管理和资金竞争性分配，环境治理指向性更明显。

三、中国生态环境财政制度存在的问题

（一）中国生态环境财政收入制度存在的问题

中国生态环境财政收入以绿色税收体系为主，尽管近年来中国绿色税收收入有了很大的提高，绿色税收体系也逐步完善，生态环境质量也在逐步改善，但生态环境类税收收入占国家税收收入、国家财政收入的比例不高，尤其是针对生态环境保护、促进可持续发展的专门税种生态环境税占比更小，同时还存在征税范围窄、税率低、征管不规范、税种间冲突等问题。

1. 生态环境税收征税范围窄，独立的绿色税种设置单一

中国绿色税收起步较晚，绿色税种设置单一，且征税范围不够全面，不能做到及时调整。如由排污费转变而来的生态环境税种于 2018 年开征，征税

偏向“治污”而非“减碳”，征税范围仅包括大气、水、固体废物、噪音等应纳税污染物，未对碳排放征税；资源税仅限于对矿产品、固体盐、液体盐等资源进行征税，森林资源、草场资源等未包含在内；消费税未能随着消费能力和结构的变化及时调整征税范围，一些高档消费品或公众不良消费习惯引发的不可降解包装物等对环境破坏大，但未纳入消费税征税范围。

2. 大多数生态环境税收税率低，征管机制不合理

中国现行大多数生态环境税税率偏低，无法发挥惩罚性约束作用。如汽油税，中国仅为每升人民币 1.52 元，德国每升人民币近 3.3 元，日本每升人民币近 29 元。税率过低，难以约束“两高”企业，“绿色”企业的竞争优势也将受到影响，削弱减排效应。但税率也并非越高越好，税率过高会导致政府过度依赖收入效应，忽视环境治理效应，提升政府环境容忍度，同样不利于减排效应，因此选择合适的税率是生态环境税改革需要考虑的问题。

在征收管理中，由于中国涉及生态环境的税种较多，缺乏统筹规划，导致某些税种间在力求经济发展和环境保护方面存在一定的矛盾。如增值税对农药、饲料、农膜和化肥等实行低税率，但是这些却会造成污染，与其他环境保护税收政策效果相互抵消，弱化整体环保效果。同时绿色税种的多样化也使征管难度提高，特别是环保税对具有隐蔽性和流动性的污染物的征收和管理较为困难，需要逐步建立与绿色税制体系相适应的税收征管框架。

（二）中国生态环境财政支出制度存在的问题

1. 中国生态环境财政支出规模不足，占比偏低

历年生态环境财政支出数据显示，2007—2019 年间中国生态环境财政支出规模逐年增加，但增速经历了由高向低的减幅发展，生态环境财政支出增速减弱，同时受疫情及全国财政支出倾向调整的影响，2020—2022 年中国生态环境财政支出规模下滑。增速动力不足以及规模下滑不利于环境监管作用的持续发挥，限制了财政支出的政策效果。

在全国主要预算支出科目中，节能环保财政支出所占比例较低，排名落后，说明政府对生态环境财政支出重视不够，尤其是中央政府投入严重不足，生态环境支出的责任下压到地方政府，地方政府在财政收支吃紧的压力下很难增加生态环境支出的比例，限制了地方政府环境监督和管理职能的上限。

2. 生态环境财政支出方向有待调整，方式有待多元化

中国生态环境财政支出方向主要集中在减排和增绿两个方面。污染减排和污染治理支出较多，而生态修复支出、能源节约与循环经济等转型发展支出不增反减，行政事务性开支增加明显。说明中国生态环境财政支出重事后治理、轻事中控制和事前预防，随着中国经济的绿色、低碳和循环转型，生态环境财政支出方向应尽快从“末端”向“中前端”调整，增加自然保护、生态修复等绿色支出，增加能源节约、循环经济等低碳支出，优化防污减排、水土保持、绿色减贫和农村环境治理等方面的支出规模。

中国生态环境财政支出主要依赖财政投入和税收优惠政策，对绿色政府采购、生态补偿等方面的应用较少，支出方式单一，不利于财政手段优化比较以及组合效果的发挥。税收优惠方面，形式也多为单一的税收减免及优惠措施，在延期纳税、投资抵免等多种手段综合应用上仍有不足。投入范围上，多集中在生产和研发领域，欠缺对涉及绿色节能产品销售、回收等末端环节的调控手段。

（三）中国生态环境财政转移支付制度存在的问题

1. 中央政府转移支付以补助为主，承担事权少；横向转移支付调控能力弱

随着中国转移支付制度的完善，一般性转移支付规模逐年扩大，专项转移支付逐渐聚焦，以污染防治为主，主要包括大气污染防治、水污染防治、土壤污染防治等。从支出责任来看，中央政府转移支付多以资金补助为主，承担的环境事权相对较少。而根据《中华人民共和国环境保护法》，当前环境管理体系奉行属地管理原则，导致中国地方政府环境事权较多、环境支出压力大。再加上环境污染的外溢性，如大气污染、水污染的流动性等，需要环境治理的跨区域、跨流域协作，而中央财政应有事权内横向转移支付未有明确的政策措施，面对跨区域、跨流域的治污需求调控能力较弱。

2. 转移支付资金使用效益低

中央财政对地方补助多采用项目申报方式，补助只与立项挂钩，没有与投产后的成效挂钩，地方为争取补助资金，往往重项目立项建设，轻项目投产运行，造成环保设施建好后的实际使用率很低，造成资金浪费。目前对于财政生态环境支出的绩效评估体系也不健全，尽管《环境保护法》及相关专项资金管理办法规定对财政支出情况开展绩效评价，但多属原则性规定，缺乏配套的执行细则，操作性不强。

第二节 中国生态环境税式支出的计量与管理

生态环境税式支出是指国家基于生态保护和环境治理的目的，通过制定与基准税制相背离的节能环保类激励条款而形成的税收收入的让渡和减少。生态环境税收优惠是生态环境税式支出产生的基础和条件，与预算内的节能环保支出一样，生态环境税收优惠也是生态环境财政支出的组成部分。将生态环境税收优惠以支出的形式纳入预算管理，形成生态环境税式支出制度，是当前很多国家环境税收优惠管理的普遍做法。

中国生态环境税收优惠规模庞大，仅环境保护税这一税种自2018年开征以来，已累计落实优惠减免564亿元，与此同时，中国万元GDP污染物排放当量数从2018年的1.16下降到2022年的0.73，降幅达37%，这说明环境税收优惠在一定程度上实现了环境保护和社会福利提升的双重红利，但是由于目前中国的环境税收优惠还未纳入预算，导致环境税收优惠的现状堪忧、管理不完善，急需从国家层面对现存的生态环境税收优惠内容和形式进行识别，测算生态环境税收优惠的规模和结构，分析其实施效果编制生态环境税式支出报告，并逐步将生态环境税式支出纳入国家预算，通过国家预算的途径进行统一的支出管理。

一、中国生态环境税式支出的内容和管理存在的问题

（一）中国生态环境税式支出的内容

生态环境税式支出制度是指中国当前税种中与环境保护相关的各类税收优惠政策，通过梳理中国现行税制，生态环境税式支出制度的目的主要包括支持环境保护、促进节能环保、鼓励资源综合利用、推动低碳产业发展4个方面，生态环境税式支出制度的内容分散于消费税、增值税、企业所得税、城镇土地使用税、耕地占用税、车船税、车辆购置税、房产税、资源税、环境保护税等税种中（表7-3）。

表 7-3　中国生态环境税式支出的主要内容

消费税	①汽油：无铅汽油的税率为 0.20 元/升，含铅汽油的税率为 0.28 元/升 ②摩托车：对 250 毫升（包含 250 毫升）以下的摩托车按 3%的标准征收消费税；对 250 毫升以上的摩托车按 10%的标准征收消费税 ③小汽车：气缸容量在 1.0 升（包含 1.0 升）以下的乘用车按 1%的税率征收消费税，而对气缸容量 4.0 升以上的乘用车按 40%的税率征收消费税 ④用废弃动植物油生产的符合条件的生物柴油免征消费税 ⑤利用废矿物油生产的符合特定条件的油料免征消费税 ⑥符合要求的节能环保电池及涂料免征消费税
增值税	①合同能源管理项目暂免征收增值税（货物） ②合同能源管理项目暂免征收增值税（服务） ③供热企业向居民个人取得的采暖费收入免征增值税 ④滴灌产品免征增值税 ⑤新型墙体材料增值税即征即退 ⑥源综合利用产品及劳务增值税即征即退 ⑦污水处理厂生产的再生水增值税即征即退或免征增值税 ⑧垃圾处理、污泥处理处置劳务增值税即征即退或免征增值税 ⑨污水处理劳务增值税即征即退或免征增值税 ⑩污水处理费免征增值税 ⑪风力发电增值税即征即退
企业所得税	①从事符合条件的环境保护的所得定期减免企业所得税 ②购置用于环境保护专用设备的投资额按一定比例实行企业所得税税额抵免 ③从事污染防治的第三方企业减按 15%的税率征收企业所得税 ④节能服务公司实施合同能源管理项目的所得定期减免企业所得税 ⑤从事符合条件的节能节水项目的所得定期减免企业所得税 ⑥购置用于节能节水专用设备的投资额按一定比例实行企业所得税税额抵免 ⑦综合利用资源生产产品取得的收入在计算应纳税所得额时减计收入 ⑧中国清洁发展机制基金取得的收入免征企业所得税 ⑨实施清洁发展机制项目减免企业所得税
城镇土地使用税	①企业厂区以外的公共绿化用地免征城镇土地使用税 ②为居民供热的供热企业使用的土地免征城镇土地使用税 ③核电站部分用地免征城镇土地使用税
耕地占用税	水利工程占用耕地减征耕地占用税
房产税	为居民供热的供热企业使用的厂房免征房产税

续表

车船税	①新能源车船免征车船税 ②节能汽车减半征收车船税
车辆购置税	新能源汽车免征车辆购置税
资源税	①取用污水处理再生水免征水资源税 ②抽水蓄能发电取用水免征水资源税 ③采油排水经分离净化后在封闭管道回注的免征水资源税 ④煤炭开采企业抽采的煤成（层）气免征资源税 ⑤衰竭期矿山开采的矿产品减征资源税 ⑥充填开采置换出来的煤炭减征资源税 ⑦开采共伴生矿减免资源税 ⑧开采低品位矿减免资源税 ⑨开采尾矿减免资源税 ⑩页岩气减征资源税
环境保护税	①农业生产排放污染物免征环境保护税 ②城乡污水集中处理、生活垃圾集中处理场所排放污染物免征环境保护税 ③机动车、铁路机车、非道路移动机械、船舶和航空器等流动污染源排放应税污染物的暂予免征环境保护税 ④综合利用的固体废物免征环境保护税 ⑤国务院批准免税的其他情形暂予免征环境保护税 ⑥排放应税大气污染物或者水污染物的浓度值低于国家和地方规定的污染物排放标准减征环境保护税

资料来源：根据国家税务总局 2022 年发布的《支持绿色发展税费优惠政策指引》整理。

（二）中国生态环境税式支出管理存在的问题

中国生态环境税式支出制度经过几十年的发展，逐步形成了以税收减免为主、优惠税率、即征即退、税前扣除等多种表现形式相结合的模式。但由于中国的环境税式支出制度散见于各类税收法律规范之中，缺少系统地针对环境税式支出进行管理的法律或具有法律效力的规范性文件，零碎的环境税收优惠文件立法层次也较低；同时生态环境税式支出制度未纳入预算，缺乏绩效评价和长期规划，导致生态环境税式支出报告的编制不合理；部分生态环境税式支出还存在范围过窄、表现形式单一、内容设置不合理等问题。

1. 中国生态环境税式支出政策零星散乱，缺乏系统性

随着中国生态文明建设和环境保护的持续推进，支持生态环境和绿色发展的税收手段也逐渐变得丰富，既有优惠性税式支出政策也有惩罚性税收手段（如环境保护税、资源税、消费税），但是各种政策文件，尤其是税收优惠政策文件，零星散乱（见附录 4），既有立法确定的，也有“通知”“公告”发布的，但多数立法层级低，缺乏有效的整合。根据国家税务总局 2022 年发布的《支持绿色发展税费优惠政策指引》，现行 18 个税种中，纳含生态环境税式支出政策的有 10 个税种，环境税式支出分布广泛，支持绿色发展的税收优惠政策文件有 44 个，政策文件零散，其中 37 个政策文件以“通知”或“公告”形式发布。某些政策文件间交叉重叠，甚至相互矛盾，如中国《增值税法（草案)》中为支持农业发展对化肥、农药、地膜等生产销售实行增值税优惠税率，但根据《中华人民共和国环境保护税法》，化肥、农药、地膜的使用又会造成土壤污染，导致环境污染，承担较重的环境保护税。政策文件系统性、整合性不足不仅抵消了政策间的效果，也不利于征纳双方的征收管理和缴纳确认。

2. 中国生态环境税式支出未纳入预算，政策评估和报告机制缺乏

由于中国生态环境税式支出未纳入预算，各项税式支出政策的执行和监管过程没有明确的政策目标和计划，也没有对政策目标的管理和评估。从中国的税收实践来看，由于评估机制的长期缺失，产生了税收政策与上位法冲突等一系列问题。

生态环境税式支出报告的编制需要制定科学的评估标准，检验政策效果、效益和效率，分析生态环境税收优惠政策的影响，发现并纠正问题。由于中国目前尚未建立科学的生态环境税收优惠政策评估方法体系，生态环境税式支出报告编制进展缓慢。

3. 部分环境税式支出存在申请门槛高、范围过窄、优惠力度不足、支持方式不完善等问题

一是部分税收优惠政策门槛高。如增值税、企业所得税低税率优惠以小型微利、高新技术及非居民企业为主，但因相关优惠政策受设计条件限制，好多企业无法享受（唐晓旺，2022)；有利于绿色低碳技术发展的研发费用加计扣除这一优惠措施，中小微企业就难以达到申请条件。二是税收优惠范围窄。尽管中国已制定了促进企业技术创新的税收优惠政策，但技术推广和产业化应用环节优惠政策缺失、鼓励企业做大做强的优惠政策缺失；增值税即征即退范围太窄，可回收利用的工业和危险废弃物未纳入增值税税收优惠范围。三是优惠力度不足。涉及生态环境的税收优惠政策多，但实际享受的税收优惠政策有限；且政策支持方式不完善，部分所得税优惠政策要求企业在盈利的情况下才能享受，而环境基础设施建设项目普遍存在建设周期长，经营初期普遍无利或微利，投资回报相对较低、回报期限较长等问题，导致政策的实施效果减弱。

二、中国生态环境税式支出的计量

生态环境税式支出作为一项间接的财政支出，消耗的是公共资源，为实现妥善的管理需要融入良治的原则，同时在预算编制、审批、执行、评估以及审计全过程集成良好的结构化信息。而量化的结构化信息来源于生态环境税式支出的计量指标和制式化报告。

（一）中国生态环境税式支出的计量指标

参照上文准财政活动计量指标的设计要求，生态环境税式支出计量指标的设计需要满足生态环境税式支出管理的内容和目的，并遵循相关性、可计量性和可解释性的技术标准。据此，生态环境税式支出的计量指标主要包括总量指标、适合性指标、绩效指标、风险指标和透明度指标（表7-4）。总量指标反映的是生态环境税式支出的减税成本或规模，中国学者普遍是以实际征收率来计算，即税式支出总额=标准化税收收入-实际税收收入-非优惠税收流失额；适合性指标是生态环境税式支出的适当性评价，其判断标准是生态环境税式支出规划的目标或预期取得的成果是否符合生态环境保护政策优先的目标；绩效指标通过生态环境税式支出成本的有效性评价，来鉴别项目的优劣性以及预期目标的实现程度；税式支出作为一项特殊的财政支出，其风险指标主要从财政可持续性的角度来衡量；而透明度指标可以通过公众或利益相关者对生态环境税式支出政策的满意度来评价。

表 7-4　中国生态环境税式支出计量指标

指标类型	指标计算或解释
总量指标	税式支出总额=标准化税收收入−实际税收收入−非优惠税收流失额
适合性指标	生态环境税式支出规划的目标或预期取得的成果是否符合生态环境保护政策优先的目标
绩效指标	成本有效性=经济性×运营效率×有效性 =(投入/成本)×(产出/投入)×(成果/产出) =成果/成本
风险指标	财政可持续性
透明度指标	公众或利益相关者对生态环境税式支出政策的满意度

(二) 中国环境保护税及税收优惠规模的省际差异

鉴于生态环境税收优惠涉及的税种较多，本书仅以环境保护主体税种——环境保护税为例，分析其减免优惠的规模、结构以及激励效应。一是因为环境保护税是中国目前唯一一个以环境保护为目标、专门体现“绿色税制”的单行税种，其开征能直接、强制约束企业的污染行为，环境治理效应明显；二是因为环境保护税由 1979 年试点的排污费制度按照“税负平移”原则平移而来，研究环保税相对排污费是否更能刺激企业参与环境治理是环保税政策评估的重要方面。

从全国范围来看，自 2018 年环境保护税开征以来，2018—2022 年 5 年累计征收环境保护税 993 亿元，累计优惠减免 564 亿元，实际征收率为 63.78%；从各省统计数据来看，各地环境保护税以及环境保护税税收优惠存在明显差异，如四川省 5 年来累计征收环境保护税 29 亿元，累计减免 26.41 亿元，实际征收率为 52.34%；江苏省 5 年环境保护税累计征收 170.4 亿元，累计减免 57.32 亿元，实际征收率为 74.83%；重庆市 5 年累计征收环境保护税 14.45 亿元，累计优惠减免 10.6 亿元，实际征收率为 57.68%；青海省 5 年累计入库环境保护税 4.08 亿元，通过降污 5 年累计享受税收减免 1.0072 亿元，实际征收率为 75.31%，可见环境保护税的税收优惠存在明显省际差异。

（三）中国环境保护税税收优惠的激励效应分析

为研究环境保护税税收优惠的激励效应，本部分以环境保护费改税政策变动为节点，通过选择典型上市企业，比较其环境费改税前后环保税收规模、税收优惠以及研发投资、研发产出等数据，来提供经验证据。

1. 政策变动分析

2018 年 1 月 1 日实施的环境保护税与排污费相比，除法律效力增强、征收主体改变、央地分配比例变动外，税额标准和减排优惠也不同。税额标准由国家定底线，各地自行上浮调控，从目前各地的方案来看，环保税税额标准相对较高的有北京、上海、天津、河北、河南等地；减排优惠方面，环保税在原有“大气和水污染物排放浓度低于国家和地方标准 50%的减按 50%征费”基础上，增加了一档优惠，即纳税人排放应税大气污染物或者水污染物的浓度值低于规定标准 30%的，减按 75%征收环境保护税。理论上来说，环境保护税额标准的提高以及优惠覆盖面的扩大，都有助于激发企业自主追求环境保护、参与环保。

2. 样本公司选取依据

由于重污染行业受环境保护税影响更大，因此本书选择污染程度较高的电力、开采、化工、钢铁四大行业，从环保税额标准较高的北京、上海、河北、天津 4 个地区，选取年报数据完整的上市公司华能国际（所在地：北京；主营业务：电力）、河钢股份（所在地：河北；主营业务：钢铁）、中海油服（所在地：天津；主营业务：油田开采）和上海石化（所在地：上海；主营业务：化工）4 家公司（表 7-5）。为了保持政策实施前后的时间窗口对称，时间选取为 2016—2022 年，资料主要来自各公司官网年度报告、社会责任报告、ESG 报告等相关内容。

3. 样本公司环境所得税及减免优惠数据分析

根据环境保护税应税污染物的 4 个类型：大气污染物、水污染物、固体废物和噪声，计算样本企业应缴排污费（环境保护税）= 大气污染物计征的税费+水污染物计征的税费+固体废物计征的税费+噪声计征的税费；根据排污费（环境保护税的减免项目）：废物集中处理减免征收额；固体废物资源利用减免征收额；低于限排值一定比例减免征收额，计算实际缴纳的排污费

（环境保护税）= 应缴排污费（环境保护税）-废物集中处理减免征收额-固体废物资源利用减免征收额-低于限排值一定比例减免征收额。

表 7-5　费改税前后样本公司缴费/税及优惠数据

公司名称	项目	2016 年	2017 年	2018 年	2019 年	2020 年	2021 年
华能国际（600011）	应缴排污费（环境保护税）/亿元	1. 53	2. 25	2. 95	2. 84	2. 81	3. 16
	减免优惠/亿元	0. 24	0. 38	0. 52	0. 48	0. 46	0. 53
	实缴缴排污费（环境保护税）/亿元	1. 28	1. 88	2. 44	2. 36	2. 36	2. 63
河钢股份（000709）	应缴排污费（环境保护税）/亿元	0. 99	1. 42	1. 87	1. 74	1. 43	1. 92
	减免优惠/亿元	0. 16	0. 23	0. 31	0. 29	0. 23	0. 32
	实缴缴排污费（环境保护税）/亿元	0. 83	1. 19	1. 56	1. 44	1. 19	1. 61
中海油服（601808）	应缴排污费（环境保护税）/亿元	0. 22	0. 24	0. 31	0. 52	0. 45	0. 41
	减免优惠/亿元	0. 04	0. 01	0. 05	0. 08	0. 07	0. 07
	实缴缴排污费（环境保护税）/亿元	0. 18	0. 23	0. 26	0. 44	0. 38	0. 34
上海石化（600688）	应缴排污费（环境保护税）/亿元	1. 12	1. 71	1. 63	1. 55	1. 02	1. 34
	减免优惠/亿元	0. 93	1. 43	1. 37	1. 30	0. 85	1. 13
	实缴缴排污费（环境保护税）/亿元	0. 19	0. 28	0. 26	0. 25	0. 17	0. 21

数据来源：公司公开披露的年报、社会责任报告、ESG 报告和国泰安数据库。

从 4 家样本公司应缴排污费（环境保护税）数据来看，实施环境保护税后税负都有所增加，其中华能国际、河钢股份、中海油服、上海石化 2018 年应缴环境保护税分别是 2016 年应缴排污费的 1. 93 倍、1. 89 倍、1. 41 倍和 1. 46 倍。从各样本公司 2016—2021 年 6 年数据趋势来看，华能国际和河钢股份增幅最明显，中海油服税负 2016—2019 年持续增加，2020 年后小幅下降，但仍高于费改税前；上海石化税负基本平稳略有下降，说明这 4 个地区较高的环境保护税额标准对重污染企业形成了强大的冲击和约束，加重了其税负成本，倒逼其不得不增加研发投资，推进绿色技术创新，减少污染物排放。

从减免优惠数据来看，华能国际、河钢股份、中海油服、上海石化 2018 年减免优惠分别是 2016 年的 2.17 倍、1.94 倍、1.25 倍和 1.47 倍，说明随着环保费改税各公司享受的税收优惠也在增加，这在一定程度上也激励企业通过技术升级、改造，降低污染物的排放总量以满足减税条件，来享受更多的税收减免，从而减轻税负成本，扩大利润空间。

4. 样本公司研发创新分析

研发创新是上市公司，尤其是重污染行业公司，减少应税污染物产生和控制应税污染物排放的根本手段。企业为减少环境保护税或享受更多税收优惠，往往会加大研发创新的投入，应用创新成果改善工艺或流程，来提高竞争力，减轻税收负担。因此，对环境保护税及税收优惠激励效应的评估可由企业研发创新指数来衡量。研发创新指数包括研发投入和创新产出两部分，研发投入主要由研发经费、研发经费/营业收入、研发人员数量、研发人员数量占比 4 个指标表征，而创新产出主要由公司专利申请数、专利授权数和发明专利授权数 3 个指标表征（表 7-6）。

表 7-6　样本公司费改税前后研发创新情况

公司名称	项目	2016 年	2017 年	2018 年	2019 年	2020 年	2021 年	2022 年
华能国际（600011）	研发经费/亿元	0.60	0.45	0.46	0.65	6.68	13.25	16.08
	研发经费/营业收入/%	0.05	0.03	0.03	0.04	0.39	0.65	0.65
	研发人员数量/人	6475	6475	8731	8493	11191	12387	13060
	研发人员数量占比/%	12	13.01	15.06	14.58	19.34	21.54	22.88
	申请专利/项	90	88	110	275	1843	3288	6777
	授权专利/项	31	73	60	98	433	2445	4724
	发明专利/项	13	10	33	67	30	80	264
河钢股份（000709）	研发经费/亿元	14.13	20.26	33.49	32.42	28.21	37.01	30.63
	研发经费/营业收入/%	1.9	1.86	2.77	2.67	2.62	2.47	2.13
	研发人员数量/人	416	438	432	466	1144	477	655
	研发人员数量占比/%	1.03	1.17	1.21	1.35	3.24	1.43	2.38
	申请专利/项	548	774	888	986	825	820	822
	授权专利/项	369	326	451	532	624	688	653
	发明专利/项	300	320	400	420	510	540	500

续表

公司名称	项目	2016 年	2017 年	2018 年	2019 年	2020 年	2021 年	2022 年
中海油服（601808）	研发经费/亿元	5.67	6.25	7.95	10.7	13.12	12.55	13.04
	研发经费占营业收入的比例/%	3.7	3.6	3.6	3.4	4.5	4.3	3.7
	研发人员数量/人	1618	1603	1679	1639	1689	1710	1725
	研发人员数量占比/%	10.8	11.2	11.5	11	11.6	13.2	11.4
	申请专利/项	140	100	117	121	130	190	300
	授权专利/项	134	73	91	97	84	130	226
	发明专利/项	60	53	42	38	38	63	140
上海石化（600688）	研发经费/亿元	1.02	0.36	0.37	0.93	1.103	0.94	1.31
	研发经费占营业收入的比例/%	0.13	0.04	0.002	0.0093	0.53	0.11	0.0016
	研发人员数量/人	217	446	160	160	142	169	179
	研发人员数量占比/%	1.96	4.36	0.02	0.02	1.69	2.02	2.24
	申请专利/项	50	50	63	65	50	81	82
	授权专利/项	15	17	32	26	37	20	30
	发明专利/项	13	12	—	—	16	10	24

数据来源：公司公开披露的年报、社会责任报告、ESG 报告和国泰安数据库。

从研发投入来看，自 2015 年《环境保护税法（征求意见稿）》出台以来，4 家样本公司都加大了研发力度，研发投入指标显著提高。华能国际 2022 年研发经费、研发经费/营业收入、研发人员数量、研发人员数量占比分别是 2016 年的 26.8 倍、13 倍、2.01 倍、1.91 倍，可见华能国际位于全国环保税单位征收税额最高的北京市，企业研发创新、绿色需求很强。“十三五”以来，中国华能构建了功能完备的高水平实验室（研发平台）体系，建设了一批世界领先的高水平试验平台，在循环发电技术、生态环保技术、节水与废水零排放技术等方面取得重大突破。河钢股份 2022 年研发经费、研发经费/营业收入、研发人员数量、研发人员数量占比分别是 2016 年的 2.17 倍、1.21 倍、1.57 倍、2.31 倍，在这 4 家样本公司中河钢股份研发经费投入最多，尤其是在2018年《环境保护税法》正式实施的第一年，研发经费就达到33.49亿元，主要用于设备清洁改造，降低污染物排放，推动了企业绿色化、清洁化的转型。中海油服2022年研发经费、研发经费/营业收入、研发人员数量、研发人员数量占比分别是2016年的2.30倍、1倍、1.07倍、1.06倍，尽管中海油服研发经费/营业收入、研发人员数量、研发人员数量占比变动幅度不大，但中海油服无论是研发经费占比还是研发人员数量占比都属于这4家样本企业中最高的，说明随着国家节能降排的推进，中海油服一直重视研发投入，不断夯实“绿色科技+绿色产品+绿色作业”的产业化格局，通过研发创新大力发展海上岩屑、钻完井液无害化处理和循环使用等重点项目，提升企业“含绿量”。上海石化2022年研发经费、研发人员数量占比分别是2016年的1.28倍、1.14倍，上海石化在环保税单位税额较高的压力下，大力组织科技创新，加大研发投入，聚焦大丝束碳纤维技术、新能源技术、节能环保技术和新材料技术，实现了能耗、污染排放双降低以及经济增长的多赢目标。

创新产出方面，专利申请数反映了企业主动创新的诉求，专利授权数反映了企业创新的实力，而发明专利更是反映企业的自主创新能力。从4家案例企业的创新产出数据来看，环保税从出台到实施以来，这4家公司都取得了明显的创新成果。华能国际申请专利数、授权专利数和授权发明专利数持续攀升，2022年授权专利数是2016年的152倍，发明专利是2016年的20倍，其中2018年、2019年发明专利占授权专利的比例为55%和68%，企业的自主创新能力显著提升。河钢股份授权专利占申请专利的比例除2017年外均在50%以上，2019年达84%，发明专利占授权专利的比例在2017年和2018年分别高达98%和89%，说明河钢股份研发创新尤其是自主创新实力很强，研发创新效率很高。中海油服2022年授权专利是2016年的1.69倍，而发明专利是2016年的2.33倍，说明中海油服加大了自主研发的力度，2023年中海油服完井工艺“特色技术”再创新效能，效果提升接近200%。近年来上海石化通过实施脱硫、脱硝除尘、一炉一塔、超低排放改造和外排污水提标升级改造，2022年CO_2排放总量同比下降11.76%，主要污染物化学需氧量、氨氮、二氧化硫、氮氧化物排放总量均完成考核指标要求，外排工业废水综合达标率100%，有控废气达标率99.99%。

根据熵值法计算各案例公司历年研发创新指数，计算步骤是首先计算各指标权重，根据权重计算结果得到权重分析矩阵，最后根据各指标权重×案例公司该指标数值得到案例公司历年研发创新指数。图 7-8 显示，华能国际研发创新指数增长最快，其次是河钢股份、中海油服和上海石化，整体来看，在环保税税额增加的压力下和税收优惠的激励下 ，企业的研发创新不断攀升。

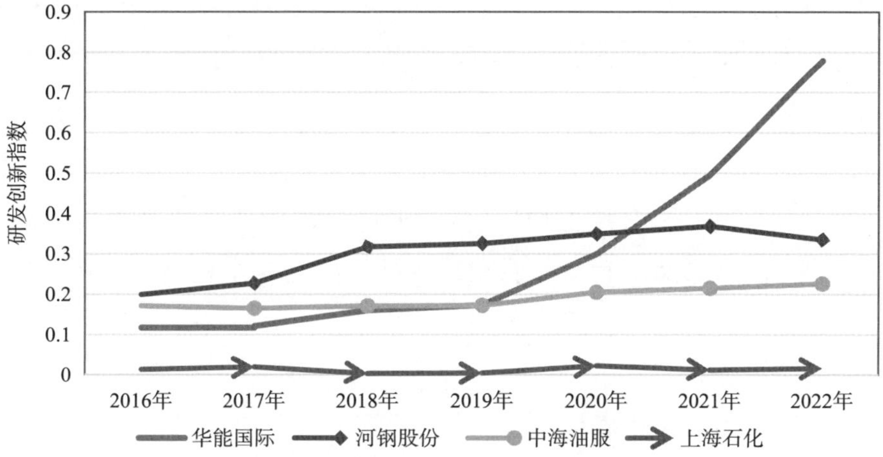

图 7-8　案例公司 2016—2022 年研发创新指数

三、中国生态环境税式支出报告的设计

根据前文制式税式支出报告的设计内容，借鉴美国、德国等国家环境税式支出报告的编制机制，设计中国生态环境税式支出报告的内容，主要包括 4 个方面：生态环境税式支出基本信息、生态环境税式支出表、评估和审计、说明分析材料。评估和审计以及说明分析材料部分与前面所述相关部分内容基本一致，本部分不再赘述。

（一）生态环境税式支出基本信息

生态环境税式支出报告的基本信息包括生态环境税式支出的定义、目的、立法要求、预算要求、周期性、范围（主要税种）、评估方法等内容。

1. 中国生态环境税式支出的定义和目的

中国生态环境税式支出的定义是：为了实现生态保护和环境治理的政策目标，由政府通过规定一些偏离基准税制的条款实施的一项特殊支出。根据定义，中国生态环境税式支出的目的在于通过税收减免激励实现经济增长与环境保护的协同发展。由于生态环境税式支出与直接支出同样占用的是公共资源，按照公共资源的预算管理原则，编制生态环境税式支出报告的目的在于为使用者提供信息，包括：为妥善管理生态环境税式支出提供信息，为履行受托责任、判断该项活动的正当性和有效性提供信息，为预算的申报、执行和评估提供信息。

2. 中国生态环境税式支出的范围和编制周期

中国现行 18 个税种中有 10 个税种包含了生态环境税式支出的内容，项目条款繁多。从各税种包含的条款来看，生态环境税式支出项目在增值税、资源税、企业所得税和环境保护税这 4 个税种中占比最多。因此，在税式支出预算、评估以及绩效、审计报告中应主要加强这 4 个税种的分析。从编制周期来看，中国生态环境税式支出的预算周期应与一般性财政预算周期相同，采用一年一编的周期。

3. 生态环境税式支出表

生态环境税式支出表是生态环境税式支出报告的核心内容。生态环境税式支出表可参考国际上比较规范的做法，按预算功能分类编制。根据国家税务总局《支持绿色发展税费优惠政策指引》，中国生态环境税收优惠政策主要用于支持环境保护、促进节能环保、鼓励资源综合利用、推动低碳产业发展 4 个方面。与之对应，中国的生态环境税式支出表可按预算功能编制如表 7-7 所示。

表 7-7　中国生态环境税式支出表

预算功能	××××年 成本 （实际）	××××年 成本 （实际）	××××年 成本 （估计）	××××年 成本 （预计）	××××年 成本 （预计）
一、支持环境保护					
A. 企业所得税					
公共污水处理					
公共垃圾处理					
沼气综合开发利用					
购置用于环境保护专用设备					
环境污染治理设施（包括自动连续监测设施）运营维护					

续表

预算功能	××××年 成本 （实际）	××××年 成本 （实际）	××××年 成本 （估计）	××××年 成本 （预计）	××××年 成本 （预计）
B. 城镇土地使用税					
企业厂区（包括生产、办公及生活区）以外的公共绿化用地和向社会开放的公园用地					
二、促进节能环保					
A. 企业所得税					
……					
B. 增值税					
……					
C. 消费税					
……					
D. 资源税					
……					
E. 车船税					
……					
F. 环境保护税					
……					
三、鼓励资源综合利用					
……					
四、推动低碳产业发展					
……					

资料来源：根据国家税务总局2024年1月更新的《减免税政策目录（有效）》中减免政策大类为节能环保的项目整理。

四、中国生态环境税式支出管理改革

（一）加强中国生态环境税式支出的总体规划，提高生态环境税式支出的法律层次

1. 对生态环境税式支出进行总体规划，既要避免同一项目重复纳税也要避免重复优惠

由于中国现行涉及生态环境的税式支出呈现出条款繁多、政策零散、稳定性和持续性不足的特点，使得税式支出政策在相对灵活、简单，易操作的

同时，也缺乏了整体性和系统性，在生产消费的整个过程中缺乏总体规划。环境保护税与其他税种环保类条款中，在企业环境开发与保护期间，两者都规定若企业未达标，均需按一定标准缴纳补偿费用，企业税收负担因此会加重；某些税收优惠措施间存在重叠，如不进行整理可能会出现重复优惠的情形。

建议对中国目前整个税制体系的相关生态环境的税收优惠政策或规定进行梳理，整合各个税种中涉及生态环境的税收优惠条款，注重把控好各税种之间的协调性，更好地发挥协同作用，从而在生产消费的全过程形成完整的调控链条，更全方面地鼓励排污企业进行环境保护方面的设备更新改造，激励企业主动治理污染，鼓励环境友好型企业的发展。

2. 强化生态环境税式支出的顶层设计，提高相关规定的法律层次

中国生态环境税式支出融合了环境法治和税收法治的理念，在生态保护和环境治理中发挥了重要作用，构成了激励型环境规制的重要内容。但是目前中国对税式支出的管理仅依靠国家税务总局发布的《税收优惠管理办法》和《税收减免管理办法》，其法律等级仅为部门规章。同时，目前中国支持生态环境的税式支出政策中与消费税、增值税、房产税、城镇土地税相关优惠条款没经过人大立法，基本为规范性文件。建议提高生态环境税式支出的法治程度，中央层级强化生态环境税式支出管理的顶层设计，对税式支出管理办法和政策文件进行立法，同时通过立法形式确保政策的稳定性和延续性，减少企业因政策变动带来的后顾之忧。

（二）规范中国生态环境税式支出的计量和报告机制，建立生态环境税式支出评估机制

将生态环境税式支出纳入预算是解决其时空正当性和结果有效性的可行方法。任何一项税式支出政策的制定都有其立法初衷，涉及生态环境的税式支出也不例外，为了保证该政策在时空上的正当性，应为政策使用者提供适当信息，在预算审查、预算执行和预算评估中建立标准化的计量和报告体系，及时了解税式支出总量、目的、使用方向等信息，减少“寻租”。

生态环境税式支出由于其典型的公共性特征，社会公共利益的满足意味着公共资源的倾斜，其有效性值得考量。有效性需要匹配制度设计来进行把控。因此建议建立中国生态环境税式支出评估机制，通过评价机制，实现全

过程评价，对税收优惠对象的受益程度以及由此形成的社会经济效益进行测算，进而作出优惠政策存废去留以及调整的判断。

（三）适时调整生态环境税式支出的范围、优惠力度，多样化优惠方式

目前中国生态环境税式支出存在范围窄、优惠力度小、支持方式单一等问题，因此建议在涉及生态环境的税种设计方面，扩大税收优惠的范围。建议完善环境保护税法，适时将挥发性有机物纳入征税范围，提高部分污染物的税率水平，增强减免税政策的引导作用；深化资源税改革，适时将水资源全面纳入征税范围，提高煤炭等资源品目的税率，助力能源消费结构清洁低碳转型；扩大消费税对高污染高排放产品的征收范围，研究适时调整成品油消费税税额，加大消费税调节力度。在生态环境税收优惠政策的制定方面，建议进一步加大对绿色低碳重点领域的税收支持力度，通过加大碳捕捉、碳封存、林业碳汇领域的税收支持力度，将污水处理费、固体废物处理费、水价、电价等收费政策向环保企业倾斜，创造有利于环保投资、营运的税费政策环境。在生态环境税式支出方式方面，建议优惠方式多样化，除税收减免外，还应增加优惠退税、延期纳税、加速折旧及税前扣除等生态环境税式支出形式。

本章小结

随着环境保护基本国策的确立以及生态文明建设重要战略地位的提出，中国生态环境财政治理的重要性更加凸显。当前中国生态环境财政治理成效显著，但仍存在规模小、效率低、管理不完善等问题，特别是对生态环境领域准财政活动识别不到位、计量、报告不充分，导致生态环境税式支出政策繁多、法律层级低、未纳入预算管理等问题，加强生态环境税式支出的整体规划、建立绩效评估机制、适时调整其内容成为今后改革的方向和重点。

结　论

准财政活动的概念最早由麦肯齐和斯特拉提出，准财政活动是一种由中央银行或是其他公共金融机构执行的且其效果在原则上能被证明的以税收、补贴或直接的开支为形式的预算措施所复制的活动。准财政活动发挥了公共支出政策替代和补充工具的作用，然而并没有纳入预算，没有立法机关的审批，也不接受监督和报告，其改革一直未纳入主流改革的范畴。对准财政活动的管理改革不仅有利于其效果的发挥，也有利于完善政府的职能、客观评价公共资源池总量。

本书基于中国准财政活动管理与预算脱节的现状，设计了一套标准化的计量与报告体系，以期支持基于良治的管理改革，并为准财政活动“纳入预算”或“比照预算”提供基础。本书的研究结论如下。

1）信息的结构化集成是准财政活动管理的基础。准财政活动作为公共支出政策的重要替代和补充工具，管理与预算脱节的一个主要原因在于缺乏结构化信息，尤其是未能建构标准化的计量与报告体系。

2）良好的结构化信息依托标准化的计量和报告体系。准财政活动的计量指标可以尝试从总量、适当性、绩效、风险和透明度 5 个方面设计，标准化的准财政活动报告应包括一些基础性规定材料和定性、定量分析的结果材料，如报表设计、评估和审计、相关说明等。

3）良好的结构化信息对于良治基础的管理至关重要。一方面，标准化的计量与报告体系信息有利于确保法定授权、强化受托责任、提高透明度、增强预见性和公民参与，因此标准化的计量与报告体系信息对于支持良治的基本原则至关重要。另一方面，计量信息和预算报告是预算准备、预算审查的前提；指标的实时进度和执行报告反映了预算执行的过程；预算评估和审计更是依赖于信息的质量，评估报告和审计报告反映了预算执行的效果，因此标准化的计量与报告体系信息对于支持预算管理也很重要。

4）准财政活动管理改革的方向在于朝向预算——“纳入预算”或“比照预算”。朝向预算的准财政活动管理改革的优先议程在于实现准财政活动良好结构化信息与预算过程的无缝对接。将准财政活动融入预算准备和编制中；建立单独的准财政活动预算审查机制；对准财政活动执行过程的合规性以及执行效果进行评估和审计。

准财政活动管理不仅仅是计量和报告的问题，而是一个涉及多个领域的复杂问题。本书以准财政活动计量和报告体系的构建为契机来尝试探索准财政活动的管理问题，期许能在这一关注度不足但很重要的领域做出微薄的贡献。

附　　录

附录1　准财政活动透明度指标体系

准财政活动透明度指标	结果与得分				
	0	1	2	3	4
1. 立法机构是否为准财政活动设定了透明度的要求	否	在一些方面有	明确并且广泛		
2. 是否有明确准财政活动管理和责任的法律框架	否	是			
3. 预算文件是否要向社会公布透明度指标	否	面向立法机关	面向公众		
4. 预算文件中是否提供了预算预测的宏观经济	否	是			
5. 预算文件是否包括对以前年度的一些总量信息以及实际或预计结果	否	上一个财政年度	前两个财政年度		
6. 预算文件是否包括对以后年度的预测	否	1~2年	3~5年	6~9年	
7. 预算文件是否提供具体的财政支出信息	否	类	款	项	目
8. 是否提供了全面的准财政活动信息	否	部分	全部		
9. 是否提供或有债务规模及其构成信息	否	只提供债务规模信息	还提供债务分类信息		
10. 是否提供了全面的债务信息	否	部分包含	提供全部债务		
11. 政府是否被要求公布报告或有负债信息	否	部分公布，或没有量化的估算	公布，有一些量化的估算		
12. 政府是否被要求公布税式支出信息	否	部分公布，或没有量化的估算	公布，有一些量化的估算		
13. 预算文件是否提供绩效信息，并予以具体说明	否	只提供结果	对照目标提供财政绩效信息并说明原因		
14. 预算文件是否包含有关财政风险信息	否	部分包含	系统地包含		
15. 预算文件是否包括限制指标	否	是			
16. 政府公开的预算文件是否便于公众获得	否	书面文件	媒体传播	网络	
17. 是否有独立的审计部门	否	是			
18. 关于准财政活动的审计报告是否向社会公布	否	立法部门	社会公众		

附录2　2013年美国联邦政府资产负债表

单位：百万美元		2013年	2012年
资产	现金与其他货币性资产	206.3	206.2
	净应收税款	103.2	111.2
	净应收账款	1022.3	859.6
	净资产投资	17.9	40.2
	净存货和相关资产	311.1	299.0
	净不动产、工场、设备	896.7	855.0
	债券和股票	107.8	110.2
	国有企业投资	140.2	109.3
	其他资产	162.8	157.6
	资产总额	2968.3	2748.3
	国家预留土地与文化遗产	—	—
负债	应付账款	66.2	65.3
	公众持有的联邦债券	12028.4	11332.3
	应付联邦雇员和退伍军人的福利费	6538.3	6274.0
	环境和处置负债	349.1	339.0
	到期应付福利	174.3	166.2
	保险和政府担保项目负债	130.0	156.4
	贷款担保负债	59.2	74.6
	国有企业负债	—	9.0
	其他负债	532.1	432.6
	负债总额	19877.6	18849.3
	承诺和或有费用	—	—
净额	指定用途的基金	3143.7	3147.8
	未指定用途的基金	(20053.0)	(19248.8)
	总净额	(16909.3)	(16101.0)
	总负债与净额	2968.3	2748.3

注：括号内数值为减少的数额。

附录3　2013年美国联邦政府财务报表：贷款和担保负债净值

单位：百万美元

2012—2013年直接贷款和未到期的担保项目

	贷款金额		直接贷款和担保贷款的长期成本（收入）		贷款净额		财政年度的补贴费用（收入）	
年份	2013	2012	2013	2012	2013	2012	2013	2012
教育部联邦直接学生贷款	613.9	493.8	(65.3)	(32.1)	679.2	525.9	(39.7)	(10.7)
教育部联邦家庭教育贷款	143.6	147.0	(2.1)	0.9	145.7	146.1	(0.9)	(2.8)
美国农业部电力贷款	49.5	43.3	2.2	1.4	47.3	41.9	0.2	—
进出口银行贷款	19.7	13.9	3.0	2.8	16.7	11.1	(0.9)	(0.6)
国际货币基金组织计划项目	15.8	13.9	0.2	0.3	15.6	13.6	—	—
农业部水和环境贷款	12.3	12.1	0.2	0.5	12.1	11.6	(0.1)	(0.1)
住房和城市发展贷款	15.7	15.5	3.9	1.9	11.8	13.6	(0.3)	(0.9)
其他项目	82.9	88.6	17.4	17.5	65.5	71.1	2.9	1.1
直接贷款和担保贷款总额	985.2	859.6	(37.1)	(0.0)	1022	859.6	(38.4)	(13.7)

截止2013年9月30日和2012年9月30日的担保贷款

	担保贷款本金		联邦中央政府担保本金		担保贷款负债		财年补贴费用（收入）	
年份	2013	2012	2013	2012	2013	2012	2013	2012
住房和城乡发展贷款	1282.9	1253	1191.9	1170.2	41.5	55.0	(18.4)	(6.0)
教育部联邦家庭教育贷款	264.0	290.7	258.4	284.6	—	1.0	(7.8)	(11.6)
退伍军人住房福利贷款	339.2	286.6	89.2	76.1	7.9	5.6	1.5	0.6
农村住房服务补助贷款	90.2	77.0	82.5	69.3	3.8	3.2	0.6	0.7
进出口银行担保贷款	79.5	76.4	79.5	76.4	1.6	1.8	(0.3)	(0.4)
小企业贷款	93.1	87.4	79.1	74.4	3.0	3.7	(0.5)	0.3
所有其他担保贷款	58.3	58.3	53.8	53.8	1.4	4.3	(0.1)	0.7
贷款担保总额	2207.2	2129	1834.4	1804.8	59.2	74.6	(25.0)	(15.7)

附录 4　生态环境领域税收优惠政策文件目录

序号	文件名称	文号
1	中华人民共和国企业所得税法	
2	中华人民共和国资源税法	
3	中华人民共和国车船税法	
4	中华人民共和国耕地占用税法	
5	中华人民共和国契税法	
6	中华人民共和国环境保护税法	
7	中华人民共和国企业所得税法实施条例	
8	财政部 税务总局 国家发展和改革委员会 生态环境部关于从事污染防治的第三方企业所得税政策问题的公告	2019 年第 60 号
9	财政部 税务总局 自然资源部 农业农村部 生态环境部关于发布《中华人民共和国耕地占用税法实施办法》的公告	2019 年第 81 号
10	财政部 税务总局 工业和信息化部关于新能源汽车免征车辆购置税有关政策的公告	2020 年第 21 号
11	财政部 税务总局关于继续执行资源税优惠政策的公告	2020 年第 32 号
12	财政部 税务总局关于延长部分税收优惠政策执行期限的公告	2021 年第 6 号
13	财政部 税务总局关于继续执行城市维护建设费优惠政策的公告	2021 年第 27 号
14	财政部 税务总局 发展和改革委员会 生态环境部关于公布《环境保护、节能节水项目企业所得税优惠目录（2021 版）》以及《资源综合利用企业所得税优惠目录（2021 版）》的公告	2021 年第 36 号
15	财政部 税务总局关于完善资源综合利用增值税政策的公告	2021 年第 40 号
16	财政部 税务总局关于延长部分税收优惠政策执行期限的公告	2022 年第 4 号
17	财政部 国家税务总局关于污水处理费有关增值税政策的通知	财税〔2001〕97 号
18	财政部 国家税务总局关于免征滴灌带和滴灌管产品增值税的通知	财税〔2007〕83 号

续表

序号	文件名称	文号
19	财政部 国家税务总局关于核电站用地免征土地使用税的通知	财税〔2007〕124号
20	财政部 国家税务总局关于中国清洁发展机制基金及清洁发展机制项目实施企业有关企业所得税政策问题的通知	财税〔2009〕30号
21	财政部 国家税务总局 国家发展改革委关于公布环境保护节能节水项目企业所得税优惠目录（试行）的通知	财税〔2009〕166号
22	财政部 国家税务总局关于免征国家重大水利工程建设基金的城市维护建设费和教育费附加的通知	财税〔2010〕44号
23	财政部 国家税务总局关于促进节能服务产业发展增值税、营业税和企业所得税政策问题的通知	财税〔2010〕110号
24	财政部 国家税务总局关于对利用的废弃动植物油生产纯生物柴油免征消费税的通知	财税〔2010〕118号
25	财政部 国家税务总局关于明确废弃动植物油生产纯生物柴油免征消费税适用范围的通知	财税〔2011〕46号
26	财政部 国家税务总局关于对废矿物油再生油品免征消费税的通知	财税〔2013〕105号
27	财政部 国家税务总局关于对电池 涂料征收消费税的通知	财税〔2016〕16号
28	财政部 国家税务总局关于新型墙体材料增值税政策的通知	财税〔2016〕73号
29	财政部 国家税务总局关于风力发电增值税政策的通知	财税〔2015〕74号
30	财政部 国家税务总局关于全面推开营业税改征增值税试点的通知	财税〔2016〕36号
31	财政部 国家税务总局 国家发展和改革委员会关于垃圾填埋沼气发电列入《环境保护、节能节水项目企业所得税优惠目录（试行）》的通知	财税〔2016〕131号
32	财政部 国家税务总局 国家发展和改革委员会 工业和信息化部 环境保护部关于印发节能节水和环境保护专用设备企业所得税优惠目录（2017年版）的通知	财税〔2017〕71号
33	财政部 国家税务总局 水利部关于印发《扩大水资源税改革试点实施办法》的通知	财税〔2017〕80号
34	财政部 国家税务总局 生态环境部关于环境保护税有关问题的通知	财税〔2018〕23号

续表

序号	文件名称	文号
35	财政部 国家税务总局关于对页岩气减征资源税的通知	财税〔2018〕26 号
36	财政部 税务总局 工业和信息化部 交通运输部关于节能 新能源车船税优惠政策的通知	财税〔2018〕74 号
37	财政部 税务总局关于延长对废矿物油再生油品免征消费税政策实施期限的通知	财税〔2018〕144 号
38	财政部 税务总局关于延续供热企业增值税 房产税 城镇土地使用税优惠政策的通知	财税〔2019〕38 号
39	国家税务总局关于电力行业征免土地使用税问题的规定	(1989) 国税地字第 13 号
40	国家税务总局关于印发《关于土地使用税若干具体问题的补充规定》的通知	(1989) 国税地字第 140 号
41	财政部关于对分布式光伏发电自发自用电量免征政府性基金有关问题的通知	财综〔2013〕103 号
42	财政部 国家发展和改革委员会 水利部 中国人民银行关于印发《水土保持补偿费征收使用管理办法》的通知	财综〔2014〕8 号
43	中华人民共和国工业和信息化部公告 2018 年第 26 号	2018 年第 26 号
44	工业和信息化部 财政部 税务总局关于调整享受车船税优惠的节能 新能源汽车产品技术要求的公告	2022 年第 2 号

参考文献

第八届全国人大常委会. 2014. 中华人民共和国预算法（2014 年修正）[M]. 北京：中国民主法制出版社.
第八届全国人民代表大会. 1995. 中华人民共和国担保法 [M]. 北京：法律出版社.
第八届全国人民代表大会. 1995. 中华人民共和国中国人民银行法 [M]. 北京：中国民主法制出版社.
安秀梅. 2002. 地方政府或有负债的形成原因与治理对策 [J]. 当代财经，(5)：34-39.
安洋. 2007. 我国税收优惠管理问题研究 [D]. 大连：东北财经大学.
白晓荣. 2014. 绩效导向的预算改革 [D]. 北京：中央财经大学.
陈丹. 2013. 地方政府债券的信用风险度量及发债规模研究 [J]. 金融经济：理论版，(10)：85-87.
陈端洁. 2004. 税式支出概念及其估算 [J]. 经济学动态，(2)：43-45.
陈隆近，周小林，冯力沛. 2015. 财政透明度与预算改革：基于四川省县级政府的调查研究 [J]. 中央财经大学学报，(9)：10-16.
陈野华，邹瑾. 2008. 央行“准财政”操作损失与国有银行改革成本的最终承担 [J]. 改革，(4)：60-67.
陈钰. 2004. 税式支出及其管理研究 [D]. 北京：国防科学技术大学.
褚睿刚. 2018. 环境科技创新中的财税激励政策刍议——基于环境与经济双赢的视角 [J]. 经济体制改革，(2)：112-117.
崔惠民，周德发. 2011. RPI-X 价格管制：公用事业政府价格规制选择 [J]. 江苏商论，(2)：118-119.
丁爽，王蕊. 2015. 透过预算看财政政策 [J]. 金融发展评论，(12)：29-40.
高坚. 1993. 国债和财政银行改革 [J]. 财政研究，(10)：40-42.
贾丽虹. 2007. 论市场经济中自然垄断产业的价格管制——基于政府目标函数的分析 [J]. 湖北经济学院学报，(3)：19-26.
江林洁. 2015. 城市自来水价格管制扭曲及其矫正 [D]. 杭州：浙江工商大学.
姜莉莉. 2014. 美英央行对受困金融机构的救助方式评鉴. 区域金融研究 [J]. (11)：8-11.
蒋洪. 2005. 公共经济学 [M]. 上海财经大学出版社.
解洪涛，梅建明. 2014. 分权之后的财政治理：公众参与和中国地方政府财政效率改进 [J]. 经济管理，(7)：151-163.
金旭红. 2005. 中国企业年金税收优惠政策研究 [D]. 大连：东北财经大学.
靳玉英，张志栋. 2010. 非传统货币政策解析——以美国的该政策实践为例 [J]. 国际金融研究，(10)：11-20.

普雷姆詹德. 1996. 有效的政府会计［M］. 北京：中国金融出版社.
李超. 2011. 财政与我国金融稳定关系初探［J］. 中国行政管理，(10)：39-42.
李飞. 2014. 政府担保条件下银行参与地方政府投融资平台公司治理的效应研究［D］. 重庆大学.
李芒. 2014. 关于运用中期支出框架加强地方公共预算管理的探索［D］. 上海：复旦大学.
李爽. 2012. 我国商业银行系统中准财政活动规模估算及政策建议［J］. 中央财经大学学报，(11)：7-12.
李文健. 2010. 基于隐性税收的税收优惠效应研究［D］. 南京林业大学.
李玉双. 2012. 财政政策冲击的宏观经济效应：基于 DSGE 模型的模拟分析［D］. 长沙：湖南大学.
李元欣. 2022. 我国环境保护税的规制效应及政策优化研究［D］. 北京：中国财政科学研究院.
廖亮. 2008. 政府隐形或有债务的五大特征［J］，财政监督，(1)：77-78.
林全玲，许明月. 2007. 担保——政府宏观调控的手段［J］. 云南社会科学，(2)：23-26.
刘冲，周瑾芝. 2015. 金融危机、政府担保与储户挤兑——来自中国“白银风潮”的历史证据［J］. 财经研究，(8)：105-117.
刘洁，刘博，等. 2013.“柠檬市场”效应与担保圈风险［J］. 金融发展研究，(12)：46-51.
刘柳. 2014. 我国银行业系统性风险研究［D］. 长春：吉林大学.
刘明光. 1998. 准财政 准银行——对邮电企业财务的新认识［J］. 通信企业管理，(9)：2-4.
刘蓉. 2005. 税收优惠政策的经济效应与优化思路［J］. 税务研究，(11)：9-13.
刘尚希，白景明，傅志华，程瑜，李成威，梁季，梁强. 2018. 高度警惕风险变形 提升驾驭风险能力——“2017 年地方财政经济运行”调研总报告［J］. 财政研究，(3)：2-13.
刘尚希，郭鸿勋，郭煜晓. 2003. 政府或有负债：隐匿性财政风险解析［J］. 中央财经大学学报，(5)：7-12.
刘尚希. 2004. 中国财政风险的制度特征：“风险大锅饭”［J］. 管理世界，(5)：39-44.
刘田原. 2020. 环境税的税收优惠政策解析［J］. 税务与经济，(5)：95-102.
刘越飞，李晓林. 2014. 我国财政主导程度测算［J］. 上海金融，(1)：36-42.
楼继伟. 2003. 税式支出理论创新与制度探索［M］. 北京：中国财政经济出版社，372.
卢洪友，潘星宇. 2019. 建国以来生态环境财政理论及制度变迁［J］. 地方财政研究，(10)：24-32.
卢文鹏，尹晨. 2004. 隐性担保、补偿替代与政府债务-兼论我国的财政风险问题［J］. 财贸经济，(1)：55-61.
卢文鹏. 2003. 经济转型中的政府担保与财政成本［M］. 北京：经济科学出版社.
罗胜，向书坚. 2017. 政府资产负债表的核算主体范围研究［J］. 中央财经大学学报，(10)：3-11.
罗潇. 2018. 商业银行经营地方财政风险的机制及对财政治理框架的影响［J］. 华东经济管理，32 (1)：102-108.
马骏. 2014. 从财政危机走向财政可持续：智利是如何做到的？［J］. 公共行政评论，7 (1)：23-51.
毛晖，邵稳重. 2007. 论中国政府间财政关系的特色［J］. 中南财经政法大学学报，(4)：107-111.
年海石. 2015. 我国自然垄断行业定价管制问题研究［D］. 长春：吉林大学.
潘楠. 2022. 生态环境财政支出政策效应研究［D］. 江西财经大学.

平新乔. 2000. 道德风险与政府的或然负债［J］. 财贸经济，（11）：5-11.
乔燕君. 2017. 中国税式支出的预算治理安排研究［D］. 北京：中央财经大学.
佘定华，汪会敏. 2011. 规范地方政府或有负债会计信息披露的几点建议［J］. 财务与会计，（11）：51.
沈建光. 2012. 新一轮刺激不应再让银行承担准财政功能［J］. 创新科技，（9）：7.
史鹏飞. 2007. 略论财政风险的识别与报告［N］. 中国审计报，06-06（006）.
苏昕，杨林，吴隆杰，等. 2005. 我国环境保护税费政策及其效应评析［J］. 税务研究，（12）：52-54.
孙拉娟. 2005. 加强主权外债投资管理降低政府财政风险［J］. 陕西审计，（S1）：18.
孙燕芳，周曲艺. 2015. 污水处理 BOT 项目政府担保成本的估价研究［J］. 价格理论与实践，（8）：91-93.
童伟，田雅琼. 2017. 俄罗斯政府预算公开制度的构建与发展［J］. 财政监督，（12）：36-41.
汪仲启. 2017. 国家治理现代化：从预算开始［N］. 社会科学报，2017-01-05（001）.
王绛. 2014. 国企利润都到哪儿去了？［J］. 现代国企研究，（8）：56-59.
王俊. 2011. 我国政府 R&D 税收优惠强度的测算及影响效应检验［J］. 科研管理，32（9）：157-164.
王婷婷. 2016. 范式与路径：中国财政治理法治化研究［J］. 财经法学，（1）：80-89.
王信. 2010. 中国央行准财政职能的问题和对策［J］. 国际经济评论，（6）：33-40.
王信. 崔莹. 2010. 中央银行准财政职能调整和财务处理的国际经验［J］. 国际贸易，（9）：39-43.
王秀芝. 2015. 从预算管理流程看我国政府预算管理改革［J］. 财贸经济，（12）：22-34.
王艺峰. 2007. 税式支出的成本收益分析［D］. 大连：东北财经大学.
王银梅，潘珊. 2014. 应用现值理论计量我国地方政府或有负债探究［J］. 财政研究，（2）：62-65.
王雍君. 2003. 全球视野中的财政透明度：中国的差距与努力方向［J］. 国际经济评论，（7）：34-39.
王雍君. 2010. 公共预算管理［M］. 北京：经济科学出版社.
王雍君. 2011.《预算法》修订中四个关键性问题探讨［J］. 地方财政研究，（1）：14-17.
王雍君. 2013. “全口径预算” 改革探讨［J］. 中国财政，（6）：30-32.
王雍君. 2014. 全口径预算改革应该做些什么［J］. 经济研究参考，（54）：17-17.
王雍君. 2015. 从权责财务报告到现代财政治理［J］. 中国财政，（3）：15-17.
王雍君. 2016. 以良治五原则引领财税改革［J］. 新理财（政府理财）（9）：30-31
王雍君. 2018a. 全面绩效管理：框架拓展、技术集成与管理机制构造［J］. 地方财政研究，（6）：4-9.
王雍君. 2018b. 财政学的智识框架与智识财政学建构——兼论财政学科定位与现代财政制度［J］. 财政研究，（2）：2-15.
王雍君，张拥军. 2006. 政府施政与预算改革［M］. 北京：经济社会科学出版社.
王永中. 2012a. 货币冲销理论评述［J］. 中国市场，（37）：58-64.
王永中. 2012b. 外汇冲销理论研究进展［J］. 经济学动态，（11）：111-119.
魏志华，林亚清，周雄. 2017. 财政透明度问题研究进展［J］. 经济学动态，（3）：136-149.
武彦民. 2010. 地方政府投融资行为与财政风险［J］. 应用经济学评论，（0）：75-81.
肖鹏. 2014. 美国政府预算制度［M］. 北京：经济科学出版社，214-215.

肖尧，牛永青. 2014. 财政政策 DSGE 模型中国化构建及其应用［J］. 统计研究，31（4）：51-56.
徐顺青，逯元堂，陈鹏，等. 2018. 2012—2016 年中央财政生态环境保护支出分析［J］. 中国环境管理，10（6）：55-60.
薛钢，明海蓉，蔡颜西. 2021. 双重红利目标下我国环境保护税制度优化路径研究［J］. 国际税收，（12）：29-38.
闫明杰. 2023. 中国式现代化视角下的绿色税制设计［J］. 税务研究，（9）：20-25.
阳志勇. 1999. 政府或有负债和金融风险［J］. 预测，（4）：28-30.
杨明亮. 2010. 地方财政担保融资风险不容忽视［J］. 中国财政，（3）：75-76.
杨娉. 2013. 关于我国中央银行资产负债表健康化的思考［J］. 黑龙江金融，（11）：18-21.
姚耀军. 2010. 政府干预、银行中介发展与经济增长［J］. 财经问题研究，（8）：52-58.
俞杰. 2009. 财政支出效益评价的理论与实践研究［J］. 湖北经济学院学报，7（2）：71-76.
俞可平. 2000. 治理与善治［M］. 北京：社会科学文献出版社：2-3.
曾军平，尹嘉玮，杨玥. 2016. 我国财政信息公开的阶段性目标——基于 IBP 评估框架与数据的聚类分析［J］. 公共治理评论，（1）：76-89.
曾康华. 2001. 计量财政研究［M］. 北京：经济科学出版社.
翟司霞. 2012. 中央财政预算透明度评价方法及应用研究［D］. 合肥：中国科学技术大学.
张晋武. 2008. 中国税式支出制度构建研究［M］. 北京：人民出版社.
张连起. 2014. 建立现代财政制度的“报告基石”［J］. 中国财政，（17）：12-13.
张龙. 2015. 我国国债规模及相应风险的实证研究［D］. 海口：海南大学.
张馨. 1995. 林达尔模型和萨缪尔逊模型评价［J］. 中国经济问题，（1）：58-62.
张扬. 2012. 财政政策的经济效应：基于动态随机一般均衡模型的模拟研究［D］. 厦门大学.
张伊丹，董战峰，葛察忠，等. 2019. 环境保护税减征优惠的激励机制与创新研究［J］. 生态经济，35（4）：167-171.
张友斗，刘海峰. 2007. 我国现行税收优惠制度的负面效应分析［J］. 财政监督，（5）：73-74.
张作玲. 2023. 环境保护税对企业绿色创新的影响效应研究——基于环保“费改税”的准自然实验［J］. 河南财政税务高等专科学校学报，37（5）：1-10.
赵瑞芬. 2017. 全口径视阈下准财政活动研究的文献综述［J］. 技术经济与管理研究，（12）：89-93.
赵瑞芬. 2017. 央行准财政活动成本测算与治理研究［J］. 技术经济与管理研究，（2）：88-92.
赵瑞芬，董墨菲. 2016. 中国财政透明度的差距与问题［J］. 经济与管理，30（5）：92-96.
赵志清. 2011. 财政风险预警机制的建设程序［J］. 财政监督，（25）：29.
赵志耘，张德勇. 2002. 论地方政府或有负债［J］. 财贸经济，（12）：20-27.
郑春荣. 2008. 瓦格纳法则的检验及在中国的适用性研究［J］. 理论探讨，（5）：91-94.
郑澍鹏. 2011. 瓦格纳法则的检验［J］. 中国城市经济，（3）：228.
仲玉梅. 2008. 城市自来水行业价格管制研究［D］. 中国地质大学（北京）.
AIan，J. Marcus and Israel，Shaked. 1984. The Valuation of FDIC Deposit insurance Using Option-Pricing Esti-

mates [J]. Journal of Money, Credit and Banking, 16 (4).

Alam A, Sundberg M. 2002. A decade of fiscal transition [J]. Policy Washington D C: World Bank.

Albert O. Hirschman. Exit, Voice, and Loyalty: Responses to Decline in firms, Organizations, and States [M]. Harvard University Press, 1970.

Anto Bajo, Katarina Ott, Irena Klemenčić. 2014. Quasi-Fiscal activities in Croatia [J]. International Budget Partnership, (5).

Campos, Sanjay Pradban. 1996. Budgetary institutions and expenditure outcomes-binnding governments to fiscal performance [R]. washington D C: World Bank, Policy Research Deparment, Public Economics Division.

Carlos B. Cavalcantl and Zhicheng Li. 2001. Refoming Tax Expenditure Programs in Poland [M]. Jaodon: People Pr.

Carlos Sérgio Figueiredo Tautz, Fabricia de Andrade Ramos, João Roberto Lopes Pinto, Pedro Amaral Serra, & Rodrigo Valente Serra. 2014. The "State-of-the-Art" of State-Owned Enterprises in Brazil [J/OL]. www. internationalbudget. org.

Claessens S, Glaessner T C, Klingebiel D. 2002. Electronic finance: A new approach to financial sector development? World Bank Publications.

Cossé, Stephané. 2003. The Energy Sector and Macroeconomic Adjustment in a Transition Economy: The Case of Romania [J]. IMF Policy Discussion Paper (Washington: International Monetary Fund).

Donald P. Moynihan. 2007. Citizen Participation in Budgeting: Prospects for Developing Countries [R]. Anwar Shah. Participatory budgeting, the International bank for reconstruction and development. Washington, DC: The World Bank.

Jones E P, Mason S. 1980. Valuation of Loan Guarantees [J]. Journal of Banking and Finance (March 1980): 89-107.

Executive Office for Administration and Finance Commonwealth of Massachusetts. Tax Expenditure Budget Fiscal year, 2004, February 2003.

Freinkman, Lev, Gohar Gyulumyan, Artak Kyurumyan. 2003. Quasi-Fiscal Activities, Hidden Government Subsidies, and Fiscal Adjustment in Armenia [J]. World Bank Working Paper No. 16 (Washington: World Bank).

Hana Polackova Brixi. 1998. Contingent government liabilities: A hidden risk for fiscal stability [R]. Washington D C: World Bank.

Hanohan, KJingebiel. 2000. Banking Crises in Emerging Markets: Presumptions and Evidence [J]. Institute for Business and Economic Research, (8).

Sosin H. 1980. On the Valuation of Federal Loan Guarantees to Corporations [J]. Journal of Finance, (12): 1209-1211.

IBP. 2010. Open budget report 2012 [DB/OL]. http: //www. international budget partnership. org, 2010-10-03.

IMF. 1998. Transparency in Government Operations [J/OL]. http: //www. imf. org/external/pubs/ft/weo/

weo0598/pdf, 1998.

International Monetary Fund. 2007. Code of good ractices on fiscal transparency. Washington D. C. http://www.doc88.com/p-275413048052.html.

Kharas H, Mishra D. 2001. Fiscal policy, hidden deficit, and currency crises [C]. World Bank Economists' Forum: 31-48.

Lev Freinkman, Gohar Gyulumyan, Artak Kyurumyan. 2003. Quasi-fiscal activities, hidden government subsidies, and fiscal adjustment in Armenia [R]. Washington, D. C.: World Bank.

Liliana Alvarado. 2014. Transparency of Tax Expenditure Reporting in Mexico [J/OL]. www.internationalbudget.org.

Mackenzie G A, Stella P. 1996. Quasi-fiscal operations of public financial institutions [R]. Washington, D. C.: International Monetary Fund.

Mackenzie G A. 1994. The hidden government deficit [J]. Finance & Development (12): 32.

Mali Chivakul, Robert C: York. 2006. Implications of quasi-fiscal activities in Ghana [R]. Washington, D. C.: IMF: 4-5.

Mark Burton and Miranda Stewart. 2011. A Report on Country Experience for Civil Society Advocates [J]. Tax Expenditure Management, (6).

Markiewics. 2001. Quasi-fiscal Operations of Central Banks in Transition Economies [J]. Bank of Finland, Institute for Economies in Transition Discussion Papers, (2): 2-43.

Murray Petrie, Paolo de Renzio, Sam Moon. 2014. The Hidden Corners of Public Finance: A Synthesis of Country Case Studies that Look Beyond the Core Budget [J/OL]. www. internationalbudget. org.

Mutiganda C J. 2013. Budgetary governance and accountability in public sector organisations: An institutional and critical realism approach [J]. Critical Perspectives on Accounting, 24 (7-8): 518-531.

Sònia Muñoz. 2007. Central bank quasi-fiscal losses and high inflation in Zimbabwe: A note [R]. IMF African Department.

OECD. 2001. Best Practices for Budget Transparency [M]. New York: Definit Pr.

OECD. 2010. Comparing tax expenditures in OECD countries [J/OL]. OECD Publishing, Paris, https://doi.org/10.1787/9789264076907-7-en.

Petri M, Günther T, Aleh T. 2002. Energy sector quasi-fiscal activities in the countries of the Former Soviet Union [J]. Washington, D. C.: International Monetary Fund.

Pinto, Brian, Vladimir Drebentsov, Alexander Morozov. 2000a. Dismantling Russia's nonpayments system. Creating conditions for growth [R]. Washington D C: World Bank.

Pinto, Brian, Vladimir Drebentsov, Alexander Morozov. 2000b. Give growth and macro-economic stability in Russia a chance: Harden budgets by eliminating non-payments [J]. The Economics of Transition, 8 (2): 297-324.

Robert C. Merton, Zvi Bodie. 1992. On the Management of Financial Guarantees [J]. Financial Management.

Salvatore Schiavo-Campo. 2007. The Budget and Its Coverage [M]. Budgeting and budgetary institutions, Washington D C: The World Bank, 54.

Schiavo-Campo Salvatore, Tommasi Daniel. 1999. Managing government expenditure [M]. Beijing: Asian Development Bank.

Stanley S. Surrey. 1973. Pathways to Tax Reform: The Concept of Tax Expenditures [M]. Harvard University Press.

Stella. 1997. Do Central Banks Need Capital? [J]. IMF Working paper, (83): 2-39.

Sundaresan S M. 2000. Institutional and analytical framework for measuring and managing government's contingent liabilities [M]. Oxford: Oxford University Press: 99-121.

Weiss T G. 2000. Governance, good governance and global governance: Conceptual and actual challenges [J]. Third World Quarterly, 21 (5): 795-814.

后　　记

本书是笔者长期关注财政活动尤其是准财政活动理论研究的成果，在以博士论文为蓝本的基础上丰富和修改后形成的。由于准财政活动管理非常重要，但学术界关注不足，本书以准财政活动计量和报告体系的构建为契机来尝试探索准财政活动的管理问题，期许能在这一关注不足但很重要的领域作出微薄的贡献。

在本书即将付梓之际，首先要感谢我的恩师王雍君教授。5 年前慕名而荣幸地踏进师门，王老师高屋建瓴的学术造诣、正直无私的生活作风都令我深深地折服。论文写作，从选题、构思、设计、撰写、一次次的修改、最终完成，无不凝结着王老师的心血。

在丰富博士论文的基础上，该书的问世还得到河北地质大学自然资源资产资本研究中心、河北省重点学科建设项目、河北省矿产资源战略与管理研究基地、河北省科技创新与区域可持续发展研究基地以及河北省社会科学发展研究课题“京津冀环境基本公共服务均等化提升机制研究（20200202015）”的资助，在此一并感谢。

感谢河北地质大学王殿茹教授以及同事们给予的宽容和理解。感谢中央财经大学财经研究院、财政税务学院多位老师、教授的宝贵建议和意见；感谢博士期间班主任王鼎老师、李严波老师的培养和关照；感谢同师门、同窗各位兄弟姐妹的帮助和鼓励；感谢家人的支持和奉献，千言万语汇成两个字：感谢！

本书写作即将结束，新的起点即将开始，学业有止、学路无止。在今后的学习工作中，我将怀有感恩之心继续努力，把这段难忘的经历作为人生的重要财富，不忘初心，砥砺前行！